누워서 그림을 그리는 윤석인 수녀의 무지개 이야기

무지개 선물

윤석인 수녀 지음

마음의숲

서문에 부쳐

희망을 볼 수 없다고 느꼈을 때, 제게서 '그림'이라는 새로운 길을 먼저 발견하고, 그를 통하여 가치와 보람을 찾을 수 있도록 배려해 준 가족들에게 진정으로 감사합니다. "네 안에 빛이 있다."고 말씀해 주시며, 세계 최초의 장애인 수녀가 될 수 있도록 故 김수환 추기경께 허락을 받아 주신 박성구 신부님께도 항상 마음 깊은 감사를 드립니다.

3년 전 교통사고로 체력이 너무 약해져서 엄두도 못 냈던 이 책의 작업을 도맡아 정리하고 긴 시간 권유하며 기다려 준 마음의숲 출판사 권대웅 대표님이 이 책을 만드는 데에 가장 큰 힘이 되었습니다. 깊이 감사드립니다. 또한, 좋은 글들로 제 그림들을 더욱 빛나게 만들어 주고, 이 책을 축복의 이야기로 가득 채워 준 마음의숲 편집부에게도 진심으로 고맙다는 말 전하고 싶습니다.

2011년 12월, 사회복지시설 성가정의 집에서 윤석인 수녀

| CONTENTS |

서문에 부쳐 5

작가의 글 8

Chapter. 1   축복입니다 15

Chapter. 2   사랑합니다 37

Chapter. 3   기도합니다 65

Chapter. 4   감사합니다 91

Chapter. 5   아름답습니다 117

Chapter. 6   위로합니다 137

Chapter. 7   용서합니다 157

Chapter. 8   용기를 드립니다 181

Chapter. 9   희망을 드립니다 205

편집자의 글 232

한계지어진 몸이 느끼는 무한한 축복

그림을 그리고, 수녀가 되고, 별난 몸으로 별난 인생을 살게 되자 모두들 물었습니다.

"몸은 얼마나 움직일 수 있나요?"

"하느님께서 기적의 수녀로 쓰실 만큼, 꼭 필요한 고만큼……."

저는 대답하곤 웃었지요.

열세 살부터 이제까지, 지금 모습으로 누워 산 지 50년이 다 되어갑니다. 이 시간 동안 제 몸은, 책을 읽을 수 있는 축복, 그림을 그릴 수 있는 축복, 다른 사람 이야기를 귀담아 들어줄 수 있는 축복, 음정이 고르지 않고 발음이 자주 불분명하고 조금만 긴장되면 기관지가 콕콕 쑤시며 가래가 끓고 돌발적인 기침

이 나오지만 말을 할 수 있다는 축복, 저의 영적 체험을 증명할 수 있는 축복을 누리고 있습니다.

냄새를 못 맡는다는 장애 때문에 자신은 장애인이니 결혼도 못할 거라고 의기소침해 하던 봉사자를 만난 적이 있습니다. 그런데 저는 냄새는 맡을 수 있으니 그것도 축복입니다. 마음대로 몸이 움직여지지 않아서 가슴이 터질 것 같은 상황일 때 고개를 마구 흔드는 것만으로도 답답함이 해소되니 고개를 의지대로 저을 수 있는 것도 축복이지요.

제게는 등을 45도 정도의 각도로 구부릴 수 있는 축복도 있습니다. 침대 휠체어 등받이를 구부려 받치면 시야가 좀 더 넓어지거든요. 게다가 비행기 일등석 의자에도 앉을 수 있어서 해외여행이 가능하지요. 두 팔을 반 정도 펼 수 있고, 숟가락과 젓가락을 사용하여 밥을 먹을 수 있고, 머리가 가려울 때 앞부분은 긁을 수 있고, 눈곱을, 귀지를, 콧속을 청소할 수 있고, 이를 닦고 손톱을 깎을 수 있고, 용변 후 뒤를 닦을 수 있고, 수녀복 모자를 제 손으로 쓰고 벗을 수 있는 축복도 저와 함께 하고 있습니다.

열 손가락이 아주 자유롭지는 않지만 기능이 정상인의 절반

작가의 글

쯤은 되어서 펜을 잡아 글을 쓸 수 있고, 붓을 잡아 그림을 그릴 수 있고, 전화를 걸고 받을 수 있고, 두 검지로 자판기를 두드릴 수 있는 축복. 두 다리를 5센티미터 정도 들어 올릴 수 있어서 봉사자가 발톱을 깎아 줄 때, 옷을 입혀 줄 때, 양말을 신겨 줄 때 조금 수월하게 해 줄 수 있는 정도의 축복이 있습니다. 관절의 연골이 상해서 뻣뻣하게 굳은 몸이지만 신경 계통은 살아 있어서 감각이 있기 때문에 욕창을 피할 수 있는 축복도 있지요.

옆으로 눕기 5분, 엎드리기 5분을 할 수 있어 한여름의 무더위 때 땀과 열기로 뜨끈뜨끈한 등에 잠깐씩이나마 바람을 쐬어 줄 수 있는 축복. 침대처럼 생긴 휠체어 위에서 사는 삶을 유연하게 받아들이는 마음, 그리고 목욕할 때 외에는 그 위에서 먹고 자고 싸고 이동하며 일할 수 있어 화가로서의 작업을, 원장 수녀로서의 업무를 기동성 있게 할 수 있도록 적응해 준 몸의 축복도 함께 합니다.

이미 한계지어져 있어서 그 엄정한 한계를 넘는 것은 그 어느 것도 할 수 없는 몸. 누워 있는 자세 자체 외에도 구석구석 성가시기 이를 데 없는 복병들이 들볶는 몸.

이렇게 제약 많은 몸이라도 얼마나 많은 일을 할 수 있는지요. 우리 삶의 상당한 부분은 의지와 정신에 달려 있음을, 스스로 하고자 하는 열정이 있으면 몸이 따라 준다는 것을 저는 체험했습니다.

약한 자 안에서 권능을 드러내시는 하느님은 저처럼 활동력이 다소 부족한 몸으로도 어떤 일들을 할 수 있는지 사람들에게 보여 주기 위하여, 강하고 힘 있고 아름다워야만 가치 있는 인간이라는 가치관에 홀린 이들에게 내적 가치가 중요함을 알리는 솟대를 세우기 위하여 제 생애를 이렇게 준비하신 것입니다.

집을 떠나 공동체로 들어간 지 닷새째 되던 날, 처음으로 목욕을 하게 되었습니다. 어머니 외에 누구에게도 벗은 몸을 보인 적이 없었는데, 저의 목욕을 맡은 젊은 봉사자에게 제 벗은 몸을 맡겨야 하는 상황이 참으로 당혹스러웠습니다.

미리 예상하고 있었던 일이었지만, 앞으로 목욕 당번은 누가 될지 모르니 이 문제를 어떻게 풀어내야 할 것인가? 하고 고민을 하며 기도하던 중, 새벽 미사 시간에 문득 예수님도 십자가에서 돌아가실 때 완전히 벌거벗은 몸이었다는 사실이 떠올랐습니다.

로마 제국 당시, 십자가형은 반역 죄인에게 최고의 고통과 모욕을 주기 위한 형벌로, 죄인을 완전히 발가벗겨서 죽을 때까지 만인이 볼 수 있는 곳에 못 박아 놓았다 합니다. 우리가 보는 십자가 예수상은 후대의 그리스도 교인들이 예수님을 형상화하면서 차마 그대로 표현할 수 없어 헝겊조각을 허리에 걸쳐서 표현한 것이지요.

예수님께서 부활하신 후, 사도 베드로에게 교회를 맡기면서 "누가 어찌하건 너는 다만 나를 따르라." 하셨지요. 제 딴에는 모든 것을 떨치고 그분을 따르겠다고, 십자가에 못 박혀 꼼짝 못하시는 그분을 보며 휠체어에 붙박인 제 몸을 일치시키며 기도하겠다고 봉헌해놓고서는 고민만 키우고 있었던 것입니다.

제 몸을 남 앞에 드러내는 수치심마저 십자가 위에서 조롱 받으신 예수님과 일치시키자고 마음을 다져먹으니, 맑고 차가운 샘물 같은 청량함이 곤욕스러웠던 마음을 씻어 주었습니다. 그 후로는 아무 거리낌 없이 목욕탕 바닥에 누워서 제 몸을 타인에게 맡길 수 있었습니다.

혼자서 할 수 있는 일이 몇 가지 있다고 해도 가만히 누워 있는 자세에는 변화가 없기에 행동반경이 극히 좁습니다. 붓을

들고 그림을 그릴 수는 있지만 몇 걸음 건너에 있는 탁자에 놓인 붓을 집으러 가지는 못합니다. 수저를 사용할 수는 있지만 타인이 밥상을 차려다 앞에 놓아주어야 하고, 뒤를 닦을 수 있지만 변기를 가져오고 치워 줄 사람이 있어야만 합니다.

회의를 하러 명동에 있는 본부로, 전국에 흩어져 있는 공동체를 방문하러 가기 위해서는 항상 누군가가 곁에 있어야만 되는 몸입니다.

사람은 서로 도우며 함께 살게 됨을 그 누구보다 확실하게 보여주는 특별한 몸. 저를 보는 이들의 마음 깊은 곳에 숨어 있는 이타적 사랑을 일구어 내는 도구가 되는 몸을 하느님은 제게 주셨습니다.

저는 이 남다른 몸으로 남다른 일을 해내면서 별난 화가, 별난 수녀가 될 수 있음을 특별한 축복이라고 생각하고, 감사하며 행복해 하고 있습니다.

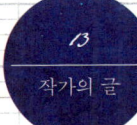

Chapter. 1

축복입니다

보라! 축복이 올 때 얼마나 찬란한 빛을 비추는가!

에드워드 영

무지개

하늘의 무지개를 바라보면
내 가슴은 설레노니
나 어린 시절에 그러하였고
다 자란 오늘에도 그러하거니
나 늙어진 뒤에도 그러하기를
그렇지 않다면 삶을 이을 이유 없으리.
어린이는 어른의 아버지여라.
원컨대 오는 내 생의 하루하루가
자연을 경외하는 마음으로 이어지기를

: 윌리엄 워즈워스

전 세계 인구가 70억 명이 되었다고 하는군요.
70억. 70억 번째로 탄생한 아이가 나오는 뉴스를 보다가
나도 모르게 그만 "아! 저 축복!"이라는 말이 나왔습니다.
그거 아세요? 탄생하는 모두가 축복이라는 것.
태어나는 아이도, 피어나는 꽃잎과 풀잎 그리고
어느 이름 모를 물가나 숲속에서
알을 깨고 갓 세상에 나온 새,
반짝이는 눈망울들 모두 축복이라는 것.
그러고 보니까 지구 전체가 축복이군요.
모두가 지구로 와서 태어났으니까요.
하나하나 소중한 그 축복의 이름들을 불러보고
그들의 어린 모습들을 떠올려 보세요.

강아지, 다람쥐, 송아지, 기린, 나비, 꿀벌, 무당벌레, 물방개,
앵무새, 잉꼬, 비둘기, 돌고래, 잉어, 열대어, 목련꽃, 수선화,
장미, 지상에 사는 수많은 동물과 숲속에 사는 나무들,
곤충들, 강과 바다에 사는 물고기들,
저마다 향기를 가진 꽃들……

지구의 매일매일은
축복 속에서 태어나고 축복 속으로 잠이 듭니다.
하루도 빠지지 않고
매순간 축복이 태어나고
축제가 벌어지는 지금 이 순간의 지구.
그것이 바로 기적입니다.

아침마다 창문으로
반짝이며 들어오는
눈부신 햇빛을 보며,
나는 그 순간이 축복이고
살아 있음이 바로
기적이라는 생각을 합니다.

그러니까, 지금 당신도 축복입니다.

The Rainbow

My heart leaps up I behold
A raindbow in the sky:
So was it when my life began ;
So is it now I am a man ;
So be it when I shall grow old
Or let me die!
The child is father of the man;
And I could wish my days to be
Bound each to each by natural piety.

; William Wordsworth

20세기의 손꼽히는 사상가이자 위대한 신학자 가운데
아브라함 요수아 헤셸이라는 사람이 있습니다.
마틴 루서 킹과 함께 흑인민권운동과 반전운동을 했지요.
폴란드 바르샤바에서 태어나 독일 나치의 유대인 학살에서
가까스로 살아남은 후, 타국에서 살아야 했던 그가 말했습니다.

"존재 자체가 거룩함이요,
살아 있음 자체가 축복입니다."

비운의 주인공인 그도
살아 있음, 존재 자체가 축복이자 거룩함이라고 했듯이
저의 삶도 축복이자 영광입니다.

26
축복입니다

상처를 받아도
사랑하지 않는 것보다
사랑하는 것이 낫고,
이 세상은
안 살아 보는 것보다
살아 보는 것이
훨씬 낫습니다.

27
축복입니다

존재 자체가 거룩함이요.
살아 있음 자체가 축복입니다.

THERE ARE NO MISTAKES, NO COINCIDENCES. ALL EVENTS ARE BLESSINGS GIVEN TO US TO LEARN FROM.

; Elisabeth Kübler-Ross

인생에
우연이나 실수 같은 것은 없다.
모든 것은 우리를 위한
배움의 장이자, 축복이다.

: 엘리자베스 퀴블러 로스

가난한 삶이,
제 작은 집이,
저를 기대고 있는 사람들이
모두 축복입니다.

적게 가졌기에 소소하고 미미한 것이 없고,
작은 집이기에 제 곁에 있는 이를
더욱 가까이 느낄 수 있으며,
기댄 이가 많기에 오늘도 더 따듯합니다.

사는 것이 성사입니다.
존재하는 것이 축복입니다.

32
축복입니다

살아 있는
모든 것은
소중합니다

• 살아 있는 모든 것은 소중합니다.

살아 있는 모든 것은 소중합니다.
무당벌레도 나비도,
회색 날개를 가진 나방도,
즐겁게 노래하는 귀뚜라미도,
가볍게 뛰어오르는 메뚜기도,
춤추는 모기도,
통통한 딱정벌레도,
살금살금 기어가는 저 이름 모를 벌레도,
그들이 축복이기 대문입니다.

; 크리스티나 G. 로세티

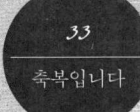
33
축복입니다

위대한 일을 하기는 어렵지만 위대한 사랑으로 행동할 수는 있다.

<u>테레사 수녀</u>

아프던 날

그날 아침, 눈을 뜨자마자 온몸이 옥죄이는 듯 화끈거리고 뼈근했습니다. 우리말의 그 풍부한 형용사들로도 무어라 표현할 수 없는 극렬한 고통이 온몸을 헤집고 다니는 바람에 정신이 나가 버린 저는 온 집안이 떠나가라 아프다고 울부짖었습니다.

여느 날처럼 분주하게 출근 준비 중이던 아버지와 등교 준비를 하고 있던 오빠, 언니가 놀라 달려왔고, 어머니는 엉엉 울고 있는 막내딸을 끌어안고 부랴부랴 택시에 올라 병원으로 달려갔습니다.

누군가의 손끝이 닿기만 하면 기겁을 하고 비명을 지르는 저를 의사와 간호사들은 용케도 냉정하게 다루며 검사를 했습니다. 그리고 모든 검사를 마친 후에 '소아 류머티즘성 관절염'

이라는 병명을 알려 주었습니다.

"어린이도 관절염을 앓나요?"

처방 후에 제게 급히 진통제 주사를 놓아 주는 의사 선생님을 향한 어머니의 허허로운 질문이 귓전을 스쳤을 때, 저는 그 혹독한 아픔이 없어진 것에만 마음이 쏠려 그저 평화로워졌습니다. 그날 밤 아버지와 어머니가 천근의 무게를 가슴에 안고 무슨 의논을 했는지 저는 몰랐습니다. 그러나 그 후로 학교를 계속 가지 않아도 되는 아이가 되었고, 일주일에 두세 번씩 병원을 다니면서 낯설기만 했던 하얀 가운과 진료실이 익숙해졌습니다.

초등학교 5학년에서 학력이 멈추었어도 병의 심각성을 모르는 어린 마음은 병원 다녀올 때마다 맛난 것을 먹을 수 있어서 좋기만 했습니다. 밤에는 통증에 울어대느라 가족을 잠 못 들게 하면서도, 해가 뜨면 통증이 가라앉아 견딜 만해졌습니다. 오전에는 동네 친구와 놀았고, 오후에는 학교 친구들과 놀았지요.

그 뒤 1년이 채 못 될 그 해 겨울, 온몸의 관절이 뻑뻑해져서 일어서면 앉기가 거북했고, 앉아 있으면 다시 일어서기가 힘들어지기 시작했습니다. 그러면서 차츰 밖에 나가 친구들과

노는 날이 줄어들었지요. 다음 해 초봄 무렵에는 한옥의 대문 옆에 붙은 화장실 가는 것조차 어려워졌습니다. 누워서 지내는 시간이 늘었고, 아픈 지 2년째 되는 해부터는 앉지도 못해 온전히 누워 지내게 되었습니다.

엄청나게 많이 아팠답니다. 무지하게 많이 울었답니다. 모든 관절을 다 망가뜨리고 온몸을 뻣뻣하게 만들어 저를 눕혀 버렸던 병도 이제는 더 이상 할 일이 없는 듯했습니다. 더는 관절통조차 오지 않았습니다. 그 극렬한 고통의 시간을 씻은 듯 망각해 버렸지만 아픔이 시작되었던 날의 날짜만은 기억하고 있습니다.

1961년 5월 21일 새벽······.

그날 이후 가족사진을 찍지 않게 되었고 여름이면 광나루, 뚝섬으로 물놀이 가던 것도 멈추었습니다. 육신이 아팠던 순간들은 망각되었지만, 누워 사는 장애인을 한 가족으로 둔 다른 가족들이 겪었을 상실의 그늘과 아픔은 결코 망각되지 못했습니다.

선천적이든 후천적 재해에 의해서든 장애를 가지게 된 사람이 긍정적으로 새로운 삶의 길을 개척하게 되느냐 또는 좌절과

절망의 늪 속으로 빠져 버리느냐의 관건은, 장애가 있음을 인지한 순간에 곁에 있는 이들이 어떻게 대응하는가에 달려 있다고 확신합니다. 이것은 그 사랑을 제가 먼저 체험했기 때문입니다.

   아프던 날 이후, 하느님께서 제가 태어나 함께 살아가도록 섭리하신 우리 가족의 그 지극한 가족애를 되새길 때마다 저는 사랑의 빚을 참 많이도 진 사람임을 가슴 싸하게 느낍니다. 언제, 어디서, 누구에게로, 어떻게 다 갚을 수 있을지 모를 사랑의 빚을 말입니다.

모두가 사랑을 가지고 있습니다.
이 세상에 우리는 사랑으로 왔으며, 사랑 받고 또 사랑하고
있습니다. 햇빛처럼 사랑은 환하고 눈부시고 아름답습니다.
등불처럼 밝고 따뜻합니다. 춥지 않고 어둡지 않습니다.
외롭지 않고 아프지 않고 두렵지 않습니다.
사랑의 속성은 따뜻함입니다.
항상 변하지 않는 그 자리입니다.

제가 좋아하는 사랑의 송가가 있습니다.
고린도전서에 나오는 구절이기도 합니다.
"천사의 말을 하는 사람도
사랑 없으면 소용이 없고
심오한 진리 깨달은 자도
울리는 징과 같습니다."

아무리 아름답고 고운 말을 한다 하더라도
사랑이 담겨 있지 않으면 소용이 없고
공부를 많이 하여 학식이 높고,
돈을 많이 벌어 부와 명예를 얻었다 하더라도
사랑이 없으면 가난한 것이나 다름없습니다.
사랑은 우리가 살아가는 모든 것의 근원입니다.

"사랑은
우리들을 행복하게 하기 위해서
존재하는 것이 아니라
우리들이 그뇌와 고통 속에서
얼마만큼 견딜 수 있는가를
보기 위해서 존재한다."

헤르만 헤세의 말처럼
좋아할 때만 사랑한다면 그것은 사랑이 아닙니다.
화가 날 때도 미울 때도 참고 이해하며 사랑하는 것이
진정한 사랑입니다.
미워도 사랑해 보세요.
당신에게 예쁜 사랑으로 변하여 온답니다.
그것이 사랑의 힘입니다.

love love love lov

내가 예언하는 능력이 있어
모든 비밀과 지식을 알고
또한 산을 옮길 만한 믿음이 있을지라도
사랑이 없으면
아무것도 아닙니다.

LOVE

There is only one
happiness in life,
to love and
be loved.

; George Sand

삶에 있어 행복이 있다면,
단 하나.
사랑하고 사랑 받는 것이다.

: 조지 샌드

• 누군가를 사랑한다는 것은
일생의 가장 큰 선물

누군가를 사랑한다는 것은
사랑 이외의 모든 감정을 경험하고도
다시 사랑으로 돌아올 수 있다는 것을 의미합니다.
누군가를 사랑한다는 것은
상처와 아픔을 느꼈어도
그 마음을 극복하고
모두 잊을 수 있다는 것을 의미합니다.
누군가를 사랑한다는 것은
상대방이 완벽하지 않다는 것을
깨닫는 것입니다.
단점이 눈에 보여도
내가 사랑하고 좋아하는 부분만 바라보며,
있는 그대로 그 사람을
기쁘게 받아들일 수 있어야 합니다.
누군가를 사랑한다는 것은
가슴이 아플 때까지 끊임없이 주는 것입니다.

두 사람이 나누어 가질 수 있는
가장 위대한 선물은 믿음과 이해랍니다.
그것은 사랑으로부터 생겨납니다.
사랑은 자신을 모두 다 주고서도,
보답으로 돌아오는 미소 하나면
족하다고 생각하는 것이랍니다.
누군가를 사랑한다는 것은
"나 여기 있어요, 내 모든 마음을 다해
당신을 사랑해요."라고 말하며,
자신을 완전히 타치는 것.
인정받기 위해 안간힘을 쓰고 고민하며
자신을 바꾸려 드는 것이 아니랍니다.
상대방이 자신의 좋은 점을 발견하고
단점을 포용할 수 있도록
스스로를 개발하는 것입니다.

; 테레사 M. 리치스

I LOVE YOU.

사랑은 참으로 어려운 일입니다.
세상 그 누구도 누군가를
사랑하게 만들 수는 없기 때문입니다.
사랑에 있어, 우리가 할 수 있는 일은 단 하나뿐입니다.
사랑을 하는 것이지요.

**당신이 할 수 있는 가장 쉬운 일,
사랑하는 일입니다.**

사랑합니다

그밖의 일은
모두
하늘의 뜻에
맡겨야겠지요.

아무리 부자라 하더라도
거지와 같을 수 있다는 것을 아시나요?
마음은 채운다고 채워지는 것이 아닙니다.
마음에 증오와 탐욕을 담는다면 그것은 채워진 것이 아니라
더욱 비게 되는 것입니다.
곳간에 쌀을 넣는 것과 쓰레기를 넣는 것이 다르듯이,
마음도 무엇으로 채워지느냐에 따라 달라집니다.
마음이 증오와 미움으로 가득찬다면,
무엇으로 연명할 수 있겠습니까?
마음에 있어 가장 끔찍한 빈곤은
외롭고 사랑 받지 못했을 때 찾아옵니다.

59
사랑합니다

60
사랑합니다

Hatred paralyzes life;
Love releases it.
Hatred confuses life;
Love harmonizes it.
Hatred darkens life;
Love illuminates it.

; Martin Luther King Jr.

증오는 삶을 마비시키지만
사랑은 삶을 우연하게 한다.
증오는 삶을 혼란스럽게 하지만
사랑은 삶을 융합시킨다.
증오는 삶을 어둠에 빠뜨리지만
사랑은 삶을 환하게 비춘다.

: 마틴 루서 킹

Chapter. 3

기도합니다

이 세상의 운명은 우리의 기도에 따라 달라질 것이다.

프랭크 C. 라우바흐

19년만의 외출

1982년 어느 날, 신문을 읽다가 여성장애인들이 모여 기도하며 사는 곳이 있다는 것을 알고 어머니에게 가 보고 싶다고 말했습니다. 어머니는 처음에는 깜짝 놀랐지만, 이내 "누워서 어떻게 나간다고……. 내 먼저 가 보고 오마." 하고 답했습니다.

그곳에 다녀온 어머니는 오빠, 언니와 제 외출 문제를 의논하고 결정했습니다. 19년만의 외출이었습니다. 그날, 큰오빠와 작은오빠, 동생네가 다 모여서 막내 누이의 19년만의 외출을 도왔습니다. 평소 남의 손이 닿기만 해도 아파하던 몸을 어떻게 다루어야 할지 온 가족이 의견을 모았습니다. 클레오파트라가 카이사르를 만날 때나 걸쳤을 법한 얇은 천으로 된 이불을 몸에 두르고, 큰오빠는 어깨 쪽을, 작은오빠는 허리 쪽을, 남동

생은 다리 쪽을 잡았지요. 그렇게 셋이서 함께 안아 올려서 엘리베이터를 타고 내려와 차 뒷좌석에 저를 눕혔습니다.

몸이 허공에 떠올려지면서 현기증이 일었고 속이 메슥거렸지만 입술을 깨물며 티를 내지 않으려 애썼습니다. 오빠들과 동생이 더 긴장하고 있었기 때문입니다. 집이 있던 둔촌동에서 모임 장소인 마포까지 한 시간이 넘게 걸렸습니다. 도착하니 저의 남다른 방문에 모두들 나와 맞아주었지요.

거실 한쪽에 방석을 깔고 누워 주변을 둘러보니 약 사오십 명의 사람들이 모여 있었습니다. 제 몸에는 장애가 있었지만 제가 유일하게 만나는 사람들인 가족이나 친지는 신체 건강한 사람들이었기에, 각각 다른 모습을 한 장애인을 한꺼번에 여러 사람 본 것은 처음이었습니다.

생전 처음 보는 파란 눈의 외국인인 윤루가 신부님이 미사를 집전하셨습니다. 미사를 마치고 다 함께 식사를 했지요. 집 밖에서의 식사 역시 19년만이라, 긴장했는지 노력해도 도무지 먹히지가 않아 몇 술 뜨지도 못했던 것이 아직도 기억납니다.

식사를 마치고 나니 나눔의 시간이 이어졌습니다. 나눔의 시간에는 속을 터놓고 자신의 이야기를 하며 마음의 치유도 받고 서로 친밀함을 나누었습니다. 그동안에도 어머니가 계속 동석해 있었고, 오빠들 역시 다시 저를 데리러 올 텐데, 어째서인지 쓸데없는 걱정을 떨쳐 버릴 수가 없었습니다. 집으로 돌아온 뒤, 저는 제자리에 눕자마자 언니들이 준비해 놓은 저녁도 먹는 둥 마는 둥하고 곧바로 잠이 들었고, 족히 며칠을 쉬어야만 했습니다.

하지만 제 외출이 잦아지자 오빠는 천막 천을 이용해 들것을 만들어 주었습니다. 동생은 침대 휠체어가 없던 그 시절에 여름용 그물의자에 바퀴를 달아서 저의 기동성을 높여주었지요. 올케언니는 예쁘게 꾸며도 보라며 백화점에서 블라우스를 사다 주었고, 형부와 언니는 나갈 때마다 용돈을 주었습니다. 그렇게 제 나들이는 온 집안의 행사가 되었답니다.

모임에 갈 때마다 하는 미사와 기도가 좋았습니다. 참 많기도 한 장애인들이 제각각의 문제 속에서 고통을 앓고 있었고 자신의 이야기들을 서로 나누는 모습들이 애련했습니다. 어떻게든 상황들을 하나씩 개선해 나가면서 서로 힘이 되어 주었고, 함께 살아가는 세상을 만들기 위해 노력하는 모습들이 무척 좋아 보였습니다. 저도 그러한 공동체적 삶을 위해 기도하고 다른 장애인들의 문제에 동참하는 삶을 살고 싶어졌습니다.

그러나 그곳은 경증의 여성장애인들만 네다섯 명씩 모여 소공동체를 이루고, 일주일씩 돌아가며 식사와 외부활동 당번을 맡는 자립적 생활방법을 채택하고 있었기에, 저처럼 전적으로 도우미가 있어야 하는 경우는 입회가 불가능했습니다.

가족들에게 그러한 이야기를 하니 어머니는 "내가 아직 건강하니 벌써부터 그런 생각 말아라." 하고 당신의 쓰린 마음을 감춘 채 저를 위로했고, 큰올케언니는 "그림 잘 그려 인정받게 되면 친구 장애인들과 힘을 모아 아파트를 하나 얻어 지낼 수 있고, 아가씨가 직접 공동체를 개설할 수도 있는 역량이 충분한데 너무 서두르지 마세요."라며 자신감을 심어 주었습니다.

오빠들은 결혼하기 전에 지금의 올케언니들과 저를 먼저 만나게 했습니다. 그리고는 평생 책임지고 돌봐야 하는 동생이 있음을, 그 동생을 받아들일 수 있어야 함을 알렸다고 합니다. 올케언니들도 그 부분을 큰 문제 삼지 않고 결혼을 결정했지요. 하지만 그렇게 혼인이 이루어지는 일이 장애인이 있는 가정에서 얼마나 드문 일인지는 나눔의 시간에 다른 장애인들의 하소연을 듣고서야 알았습니다.

부모님 또한 그토록 지극하게 보살펴 주는 예가 흔치 않음도 알았습니다. 그같이 좋은 환경인데 왜 장애인 공동체를 찾는지 의아해하는 장애우들이 많았습니다. 하지만 그들의 말을 들으면서도, 어쩌면 그리도 기도하는 공동체에서 살고 싶었는지요. 부모님이 반대하는 결혼을 하는 젊은이들이 이런 마음이지 않을까 싶을 정도로, 목이 타게 간절히 기도하며 살고 싶은 갈망이 제 영혼을 사로잡고 있었습니다.

대다수 장애인들이 몸에 장애가 있어도 사회 안에서 무언가 자신의 일을 갖고 가정을 꾸미며, 한 인간으로서의 성취를 이루며 살고 싶어 하는 것을 알고 있었습니다. 그래서 제가 느끼는 이 갈망이 어떤 것인지 도무지 알 수가 없었지요. 세상의 어떤 것에서도 가치를 느낄 수 없었고, 매일 미사와 기도 속에 모든 것을 봉헌하는 것만이 살아볼 만한 참 삶의 길이라는 내적 갈구가 일었습니다. 이런 제 마음이 은혜를 모르는 주제넘은 짓인 것은 아닌지에 대해 고민도 했지요. 그러다 예수회의 박문수 신부님께 고백성사를 하며 상담을 하게 되었습니다.

신부님은 "가고자 하는 곳이 지금 처한 상황보다 세상의 기준으로는 못한 곳이어도 뛰어들 수 있을 때 그곳이 바로 참된

성소"라시며, "예스 다윗 브나가 지금 예수님의 부름을 듣고 있는 것이 확실하다."라고 조언해 주셨습니다.

신부님의 그 말씀에 확신을 얻었고 저는 마음의 기쁨을 다시 찾았습니다. 그 후 박둔수 신부님은 제가 종신서원을 할 때까지 저의 영적 여정을 지켜봐 주셨습니다.

아직 영적으로 미숙했던 저는 작은 예스 수녀회의 창립이 태동되는 동안 격변하는 상황에 혼란을 많이 겪었습니다. 그럴 때마다 창립자이신 박성구 신부님은 강렬한 카리스마로 제가 성령의 역동하는 움직임에 순명하도록 길을 바로잡아 주셨고, 저는 그분의 영적 지도를 다았습니다.

그 후 야유회나 놀이를 갈 때면 제 몫의 회비를 책임자에게 주어 저 대신 가정환경이 더 어려운 장애인이 갈 수 있도록 해 주고, 그들에게 공동체 기금으로 같이 가는 것으로 말해 달라고 했습니다. 그렇게 저의 외출 목표는 오로지 기도하며 한 생을 살아갈 수 있는 공동체를 찾는 것에 맞추어졌습니다.

사람이 하느님, 신, 초월적 영역, 초자연적 세력 등
신성하거나 거룩한 존재와 대화하는 것을 기도라고 합니다.
이 세상에 보이지 않고, 들리지 않고, 만져지지 않지만
우리 마음 혹은 이 세상 어딘가에
존재하고 있는 것과 대화를 나눌 수 있다는 것!
이 얼마나 멋진 일입니까.
내가 무엇인가를 위해 기도하고
또 누군가가 그 기도를 들어주고 있다는 것 말입니다.
이 세상에서 중요한 것은 모두 기도로 이어지고
또 이루어지고 있다는 것을 저는 알고 있습니다.
꿈, 소원, 희망……. 우리가 부탁하고 계획하며
머릿속에 그려나가는 것 모두가 기도입니다.
예를 들어 우리가 어머니나 아버지를 생각하는 마음에
'그분들이 항상 건강했으면 좋겠다!'라고 생각하는 것!
'내가 공부를 잘했으면 좋겠다!', '꼭 성공을 하고 싶다!'라고
다짐하고 마음속으로 말하는 것도 기도입니다.

**간절한 다짐이나 바람,
마음 속 대화는 당신이 원하는 그곳에
전달이 된다는 것입니다.**

기도를 하면 마음속에 그리고 머릿속에 원하는 모습을
그리게 되고, 그려진 그 그림이 각인되어 결국은
어떤 상황에서도 잘못 나가지 않고 기도한 대로
이루어진다는 것입니다. 하느님은 그런 분들의 기도를
더 잘 들어주신답니다. 욷하고 구하는 기도가 아닌,
그것을 실천해나가는 기도를 실현시켜 주신답니다.
그래서 오늘도 나는 이렇게 기도합니다.
아픈 사람들에게 용기를 주소서.
외로운 사람들에게 사랑을 주소서.
가난한 사람들에게 행복을 주소서.
어렵고 힘들어하는 사람들에게 희망을 주소서.
그들이 절대 포기 하지 않게 해 주소서.
그들이 일어서게 해 주소서.

그리고 또 이렇게 기도합니다.
중증 장애인들이 당신이 주신 세상에서
행복하게 살 수 있기를.
사람들이 그들을 외면하지 않기를.
그들도 무엇인가 할 수 있기를.

그리고 그들을 위해 오늘도 기도와 함께 무지개를 그립니다.

80
기도합니다

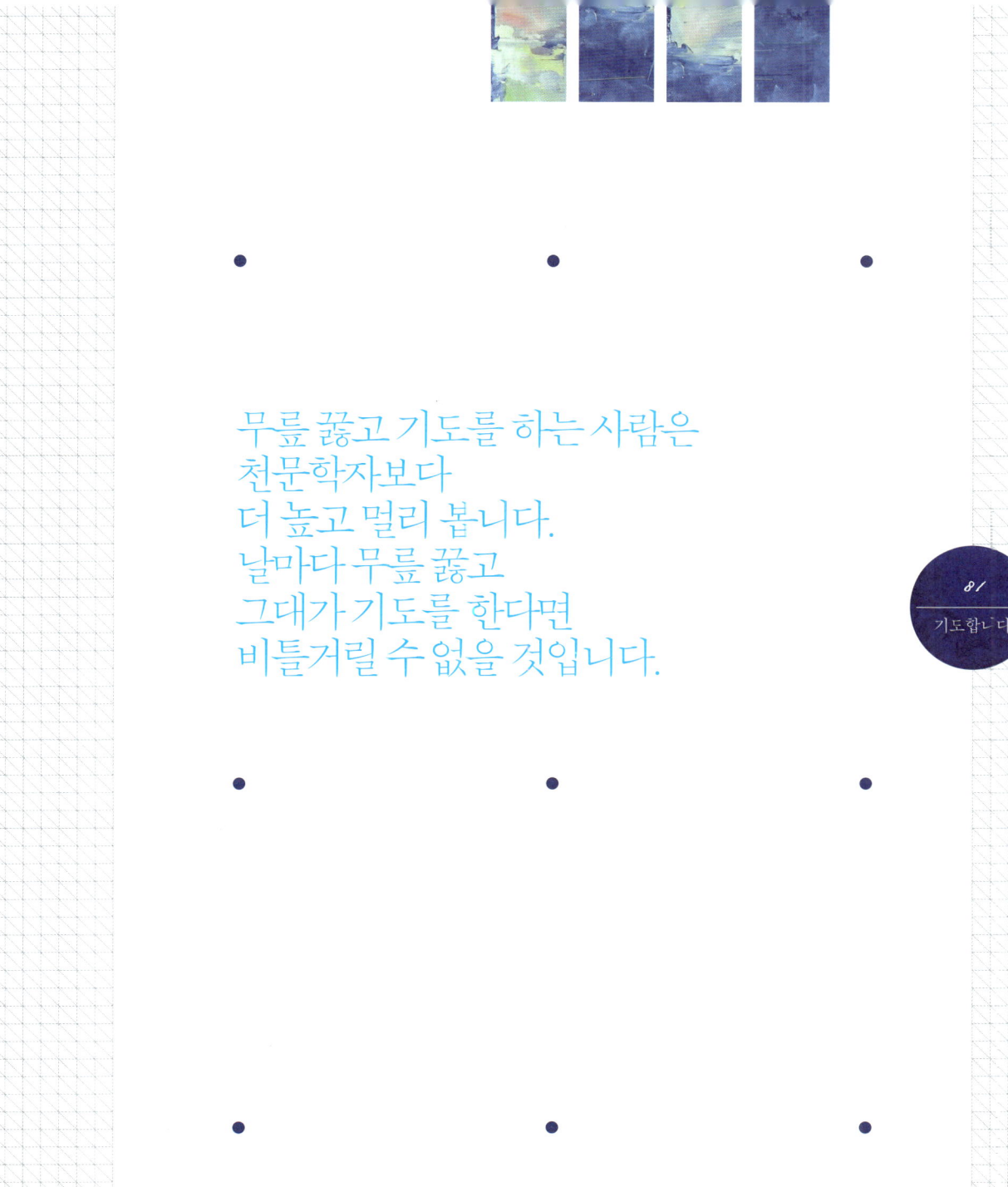

무릎 꿇고 기도를 하는 사람은
천문학자보다
더 높고 멀리 봅니다.
날마다 무릎 꿇고
그대가 기도를 한다면
비틀거릴 수 없을 것입니다.

힘든 일이 많은 요즘입니다.
사람이 뒤에서 등을 밀고, 세상이 발을 거는 것처럼
느껴지기도 합니다.
이를 악물고 버티다가 어느 순간 힘이 빠지면서
포기하고 싶어질 때가 있습니다.
그럴 때마다 기도해 보세요. 기도하는 습관을 들이세요.
당신의 기도는 당신을 일으켜
세상 그 무엇도 버틸 수 있게 해 줄 것입니다.
좌절하고 눈물 흘리지 마세요.
진정한 힘을 받을 수 있는 순간이 바로 그때랍니다.

83
기도합니다

나는 몇 번이고 무릎 꿇고 기도하지 않을 수 없었다.
그것 이외에 어떻게도 할 수 없다는 것을 확신했기 때문이다.
나 자신의 지혜로 그러한 사태에 대처하는 것은
불충분하다고 생각했기 때문이다.

: 에이브러햄 링컨

일곱 빛깔 무지개

Chapter. 4

감사합니다

감사할 일은 언제나 있다.

<u>찰스 J. H. 디킨스</u>

마음먹기에 달려 있습니다

선연한 진분홍의 진달래꽃과 눈이 시리도록 샛노란 개나리꽃이 흐드러지게 산야를 뒤덮고 있는 초봄. 너무너무 바빠서, 어떤 일 때문에 슬퍼서, 혹은 경제적으로 힘들어서와 같은 이유로 지금 꽃구경이 문제냐고 말하는 분들이 우리 주위에 많이 있습니다.

    그렇지만 세상이 주는 시련의 쓰라림 때문에 단 한 번뿐인 생명이 머물다 떠날 자리, 그 주위에서 스치며 반짝이는 기쁨과 경탄의 작은 눈짓들을 놓치고 산다면 위대하지도 못하고 거물급 인물도 못되는 우리의 한 생애가 너무 슬프지 않습니까? 비록 이 우주에서 작은 몫일 뿐이라도요.

    그러니 누군가가 어찌 해 주기를 기다리기보다는 스스로 싱 그러운 감동의 작은 물결들을 찾아내 건조한 일상에 생기를 불어 넣어야 하지 않을까요? 우리 삶의 시간들을 풍요롭게 채워가야 하지 않을까요? 물질의 풍요가 삶의 전부가 아님을 생각하면서 말입니다.

　쓰라린 아픈 순간은 누구에게나 있습니다. 파도처럼 밀려왔다 밀려가는 그 고비고비에서 슬픔이 나를 사로잡게 그냥 둘 수는 없지 않을까요? 아픈 마음은 아플 만큼 아프다고 두고, 한 걸음 비켜서서 옆을 둘러보면 시멘트 블록 틈새를 뚫고 피어나는 민들레의 프르름을 볼 수 있습니다. 그 모습이 감탄스럽지 않습니까?

　어둠이 찾아오는 순간이라도 먼 곳을 바라보면 하늘은 아직도 청잣빛 푸름을 간직하고 있음을 깨닫게 됩니다. 그 순간, 천년의 평화로움이 마음 속 깊이 퍼질 것입니다. 귓불 밑을 스쳐가는 바람결을 눈감고 느껴보면, 따사롭고 간지러운 봄바람의 꽃향기가, 폭발할 듯 열정을 담고 있는 여름날의 열기가, 땀 흘린 결실의 황금물결이, 햇빛과 어우러져 바람조차 황금빛으로 물든 가을의 충만함이, 귀 끝을 얼리며 쌩쌩 부는 겨울 눈발이, 일상에 지쳐 둔감허지는 감성을 새롭게 깨워 줄 것입니다.

96
감사합니다

바로 우리가 서 있는 이 자리, 우리의 두 발이 딛고 있는 이 자리에서 오색 영롱히 빛을 발하는 보석들을 찾아보세요. 미지의 세계를 조사하고 발굴해내는 탐험가처럼요. 일상에서 보석을 주울 때 가장 중요한 것은 마음 자세입니다. 꿋꿋한 신념과 항구한 끈기가 절대 조건이지요.

그리고 내가 먼저 찾은 보석이라고 꽁꽁 싸매어 두지 마셔요. 이 보석은 이웃과 나눌 때 사랑의 온기를 가득 품은 빛을 내뿜기 때문입니다.

이렇게 스스로 삶 속 작은 기쁨에 초점을 맞추다 보면 우리는 더 아름다운 것들을 발견할 수 있습니다. 어느새 시련의 순간이 지나가고 있다는 것을, 행복한 삶은 주어진 인생 조건에 좌우되지 않는다는 것을, 다가오는 매순간 어느 쪽을 향하느냐의 선택에 좌우되는 것을요.

사랑도, 기쁨도, 행복도 우리의 마음먹기에 달렸습니다.

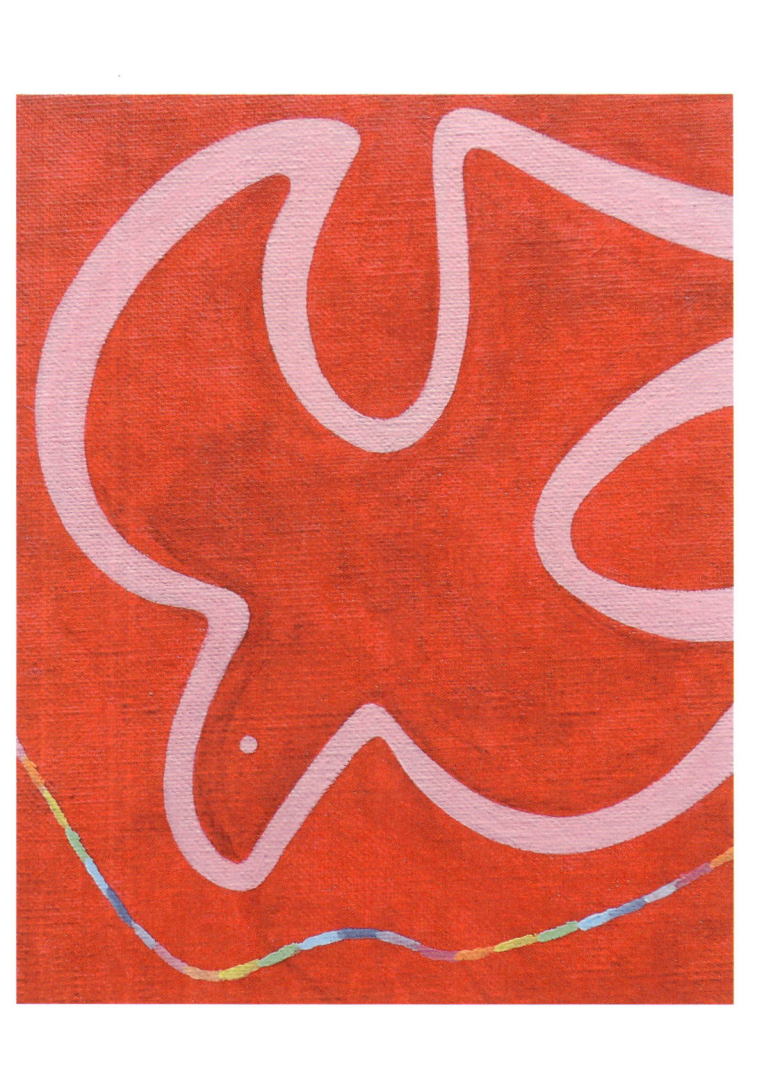

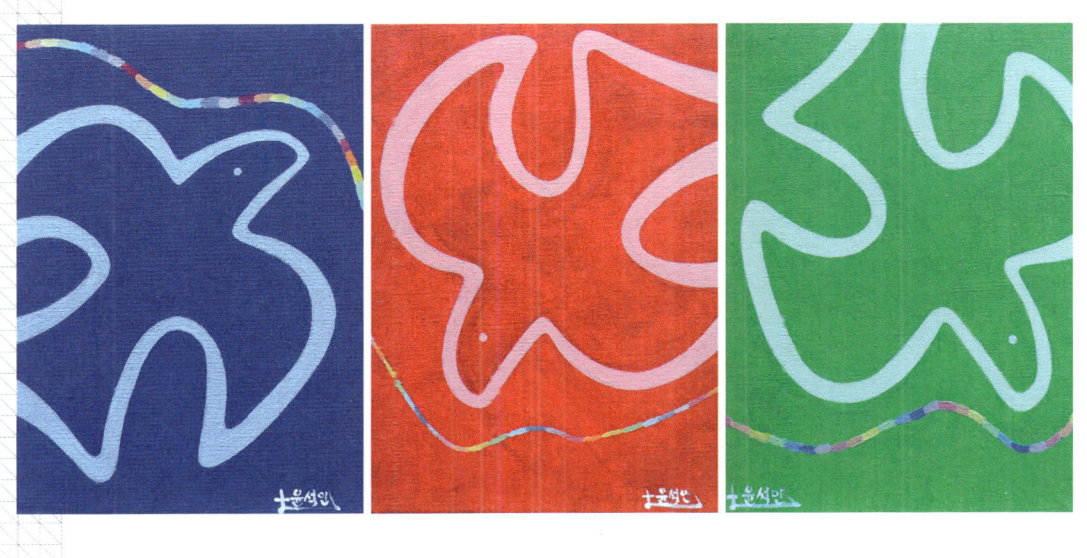

양팔과 양다리 없이 발가락 두 개가 달린
작은 왼발 하나만 가지고 태어난 사람이 있습니다.
닉 부이치치.
자신의 신체를 너무도 비관하여
어렸을 적 자살을 시도하기도 했지만
어느 날 자신 말고도 고통을 받으며 살아가는
사람들이 많다는 것을 깨닫고
희망을 전도하며 살기 시작했습니다.
그는 남들과는 다른, 너무도 불리한 조건을 가지고 있지만
수영, 낚시, 골프 등 만능 스포츠맨으로 바뀌어
인생을 즐기고 있습니다.
긍정적인 그의 생각이 절망 속에서도
희망을 만들어 낸 것이지요.
불만족의 삶을 만족의 삶으로 바꾸어 버린 것입니다.
그는 팔이 없어서 사람들을 만나면 포옹을 받았습니다.
그리고 그는 《허그》라는 책을 출간했습니다.
텔레비전에 나와 강연을 하다가 넘어지자
닉 부이치치는 이렇게 말했습니다.

"저는 팔다리가 없어서 넘어져도 일어설 수 없습니다.
여러분도 살다보면 넘어졌을 때 다시 일어설 수 있는 힘이
없다고 느껴질 때가 있을 겁니다.
여러분, 희망이 있다고 생각하나요?
왜냐면 저는 이렇게 넘어져 있고
딛고 일어날 팔다리도 없거든요.
제가 다시 일어나는 것은 불가능하겠지요?
그러나 그렇지 않아요.
백 번이라도 저는 일어나려고 시도할 거예요.
백 번 모두 실패해도 또다시 시도한다면
그것은 끝이 아닙니다. 중요한 것은 '어떻게 끝낼 것인가.'이고,
그러다 보면 강인하게 일어설 수 있는 용기를 얻을 거예요.
이렇게요."

그러면서 닉 부이치치는
이마로 바닥을 짚고 일어났습니다.
그가 외쳤습니다.

"최고의 장애는 당신 안에 있는 두려움입니다!"

나는 나의 장애에 대해 오히려 감사한다.
이를 통해 나를 알고, 보이지 않는 더 많은 것을
보게 되었고, 또 내 하느님을 발견했기 때문이다.

: 헬렌 켈러

"I thank God for my handicaps,
for through them,
I have found myself,
my work and my God."

; Hellen Keller

고맙습니다.

105
감사합니다

아침에 눈을 뜰 수 있어 감사합니다.
지저귀는 새들의 노래와 빛나는 햇빛 그리고
떠오르는 태양을 다시 볼 수 있어 감사합니다.
창문으로 들어오는 바람과 오전의 고즈넉한 당신의 목소리,
먼 하늘로 지나가는 구름에게
제 마음을 전할 수 있어 감사합니다.

세상은 감사해야 할 것들로 가득 차 있습니다.
들을 수 있어서 감사하고, 말하고 볼 수 있어서 감사합니다.
침대에게도 감사하고, 입으로 그림을 그릴 수 있음에도
감사합니다.

이 세상에 올 수 있어 감사합니다.
당신을 만날 수 있어 감사합니다.
당신을 사랑할 수 있어 감사합니다.
당신과 함께 저녁의 일몰을 감상할 수 있어 감사합니다.
촛불을 켜고 당신과 함께 기도할 수 있어 감사합니다.

오늘 하루도 행복했다고 말할 수 있어
감사합니다.
밤하늘에 빛나는 아름다운 별들을
바라보며 꿈꿀 수 있어
감사합니다.

감사합니다

108
감사합니다

감사하는 마음은 최고의 선이자,
다른 미덕을 불러오는 근원이다.

; 마르쿠스 T. 키케로

A thankful heart is not only the
greatest virtue,
but the parent of all other virtues.

; Marcus T. Cicero

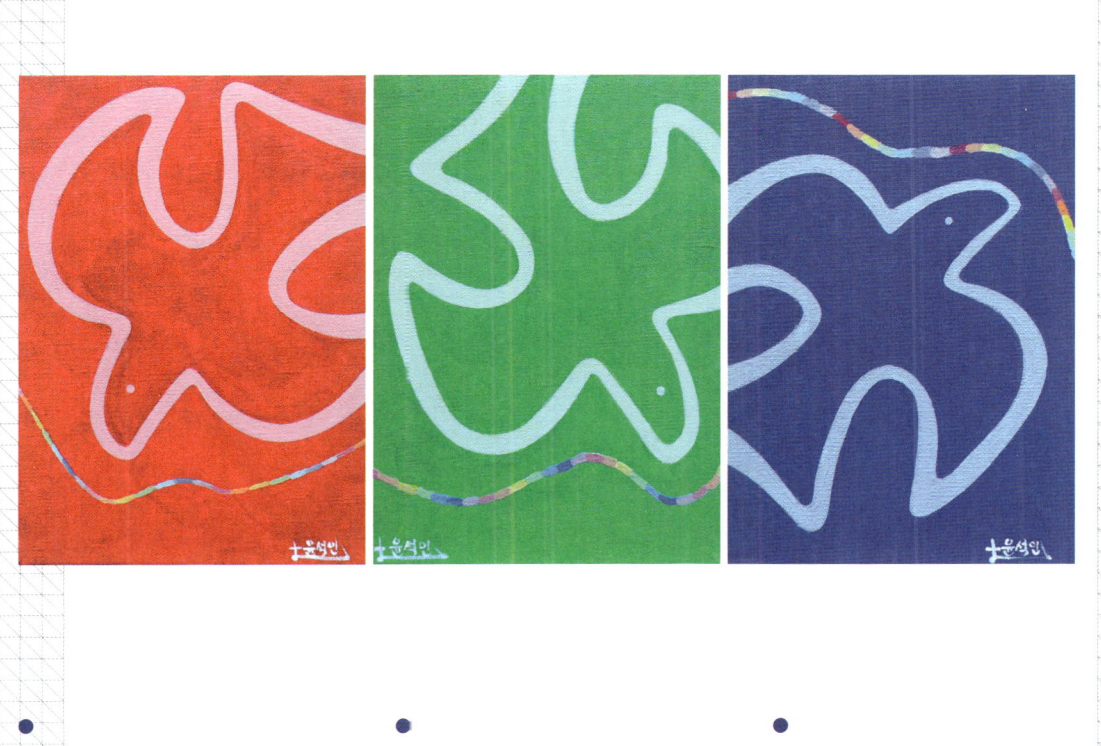

● 감사

감사는
반드시 얻은 후에 하지 않는다
감사는 잃었을 때에도 한다.
감사하는 마음은
잃지 않았기 때문이다

; 김현승

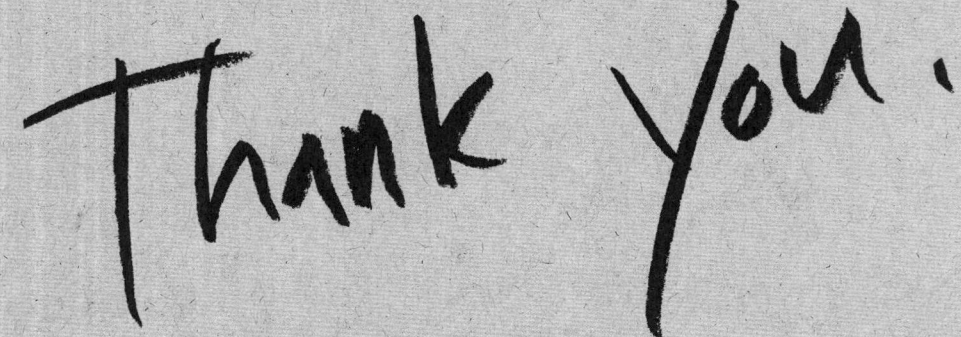

범사에 감사하는 마음을 가지는 것은
참으로 중요한 일입니다.
오늘 하루가,
흔들리는 잎사귀와 흘러가는 구름을 볼 수 있음에,
따뜻한 온기와 차가운 냉기를 느낄 수 있음에,
다른 이의 간구를 듣고 제가 기도할 수 있음에 감사합니다.
지금 이 순간을 살 수 있음에 감사합니다.
그리고 김현승 시인의 시를 접한 후에,
그 시를 읽을 수 있었음에 감사하게 되었습니다.

우리가 감사해야 하는 '범사'에는 얻는 것만이 아닌
잃는 것도 있었음을 까맣게 잊고 있었습니다. 그렇습니다.
감사는 가지고, 느끼고, 받을 때에만 하는 것이 아닙니다.
빼앗기고 잃었을 때에야말로 감사해야 합니다.
그렇게 함으로써 감사하는 마음을 다시 가질 수 있는 것입니다.
그것이 아니라면 감사하는 마음마저 빼앗기고 말겠지요.
감사함으로써 절대 잃지도 빼앗기지도 않는 것을
하나 가집시다.

감사합니다

Chapter. 5

아름답습니다

무엇이건 보배롭고 아름다운 것은 그렇게 되는 데에 시간이 필요하다.

앤드류 매튜스

122
아름답습니다

저마다 '미의 기준'이 있습니다.
보통은 시각적인 아름다움을 제일 먼저 떠올립니다.
그런데 이 기준은 저마다 달라서
이따금 자신이 생각하는 아름다움이
타인에게 전달되지 않는 날이 있지요.
제 딴에 가장 아름다워 보이는 것을 선물했는데,
상대방이 미지근한 반응을 보이면
그만큼 서운한 일도 없을 것입니다.
그렇지만 인종과 나라, 성별과 나이를 불문하고
모두가 아름답다고 느낄 수 있는 것이 하나 있습니다.

'미소와 웃음'입니다.
인간이 피워낼 수 있는
가장 아름다운 꽃이지요.

미소와 웃음은 따뜻함, 배려, 밝음에 뿌리를 둡니다.
그래서 미소를 띨 때 마주하는
정다운 눈빛은 밝은 별을 닮았고
사랑이 담긴 말은 마음을 밝혀주는 빛 같지요.
이런 것들 가장 아래에 있는, 타인을 위하는 마음은
인간이 만지지 않아도 느낄 수 있는 유일한 온기입니다.

먼저 웃을 줄 아는 사람의 마음에는
선한 것들이 튼튼하게 자리 잡고 있습니다.
언어를 사용하지 않는 표현들은
진심이 아니면 전해지지도, 만들어지지도 않으니까요.
그러니 그 미소를 먼저 만들어 내는 사람은
가장 찬란하고 순수한 아름다움을 창조하는 것입니다
얼마나 좋은 일입니까.
저를 위해 한껏 웃어주는 이를 떠올리면
그 자체로도 마음이 밝아지는 것 같습니다.
여러분에게도 기억에 담아 두고 자주 꺼내보고 싶은
누군가의 웃음이 있기를 바랍니다. 그리고 여러분이
누군가에게 그런 아름다움을 보여줄 수 있기를 바랍니다.
아직 아름다움을 발견하지 못한 사람에게
우리가 만들 수 있는 가장 환한 꽃을 선물합시다.
거울을 통해 낯설게만 보이는 자신에게도
한 번 웃어주는 것을 잊지 말고요.

당신의 미소는 충분히
아름답습니다.

웃음꽃이 활짝

사람은 스테인드글라스 창과 같다.
태양이 떠 있을 때는
반짝이고 빛나지만,
어둠이 찾아오면
자신이 가진 내면의 빛에 따라
그 진정한 아름다움이 드러난다.

: 엘리자베스 퀴블러 로스

People are like stained - glass windows.
They sparkle and shine when the sun is out,
But when the darkness sets in,
Their true beauty is revealed only if there is a light from within.

; Elisabeth Kübler-Ross

"It's very beautiful over there!"

발명왕 에디슨이 이 세상을 떠나며 남긴
마지막 말이라고 합니다.
"저기 저쪽은 참 아름답군!"

얼마 전 세상을 떠난 스티브 잡스는
가족들이 지켜보는 앞에서 임종을 하며
"Oh, Wow!"를 세 번씩이나 외쳤답니다.
얼마나 아름다운 것을 보았기에 그들은 저 세상을
그렇게 표현하고 감탄했을까요.

"오우, 와우!"
"오우, 와우!"
"오우, 와우!"

그분이 계신 그곳도
분명 아름다우리라 믿습니다.
일곱 빛깔 무지개처럼
사랑, 평화, 미소, 행복의 물방울들이
피어오르고 있을 것입니다.
가끔씩 저는 그분이 계신 곳을 그리고
꿈꾸기도 합니다.
제가 받은 사명과 소명을 다하고
그분께 가는 날을 생각하면
두려움보다는 두근거림이 앞서기도 합니다.
그분이 주신 일을 모두 마치고 돌아가기 위해
저는 이 세상을 아름답게 그리고 있습니다.

그분께서 만드신
이 세상이
무척이나
아름다우니까요.

봄이 오면 목련나무에 피는 하얀 목련꽃을 봅니다.
그 목련꽃이 혼신을 다해 피어날 때 하는 말을 듣습니다.
사랑해, 사랑해, 사랑해!

노란 개나리꽃, 분홍 진달래꽃, 빨간 장미꽃이
저 세상에 있다가 이 세상으로 옮겨와 피어나면서
이렇게 말하는 것 같습니다.
"이쪽 세상은 정말 아름답군."
이 세상은 정말 아름답습니다.

이 세상을 아름답게 해 주는 사람이 있습니다.
가난해도 행복한 사람입니다.
자신은 없어도 누군가에게 나누어주는 사람입니다.
힘들어도 포기하지 않는 사람입니다.
외로워서 오히려 빛나는 사람입니다.
아파도 미소를 짓는 사람입니다.
절망을 희망으로 바꾸는 사람입니다.
어둠을 빛으로 밝히는 사람입니다.
이 세상이 아름다운 이유는
바로 그런 사람 때문입니다.

밤하늘의 별빛만큼이나
세상에 빛나는 등불들과
그 속의 따뜻한 눈빛들,
인정들이
아름답습니다.

The pain passes.
The beauty remains.

; Auguste Renoir

고통은 지나가지만
아름다움은 남는다.

: 오귀스트 르누아르

바람이 당신의 볼을 쓸고 가는 손길을 아시나요?
따뜻하게 안아 주는 햇살을
마주 안아 본 적은 있으신지요?
물결과 함께 즐거운 합창을 한 적은 있나요?
함께 여행을 떠나자고 손짓하는 오솔길에게
손을 내밀어 준 적은요?

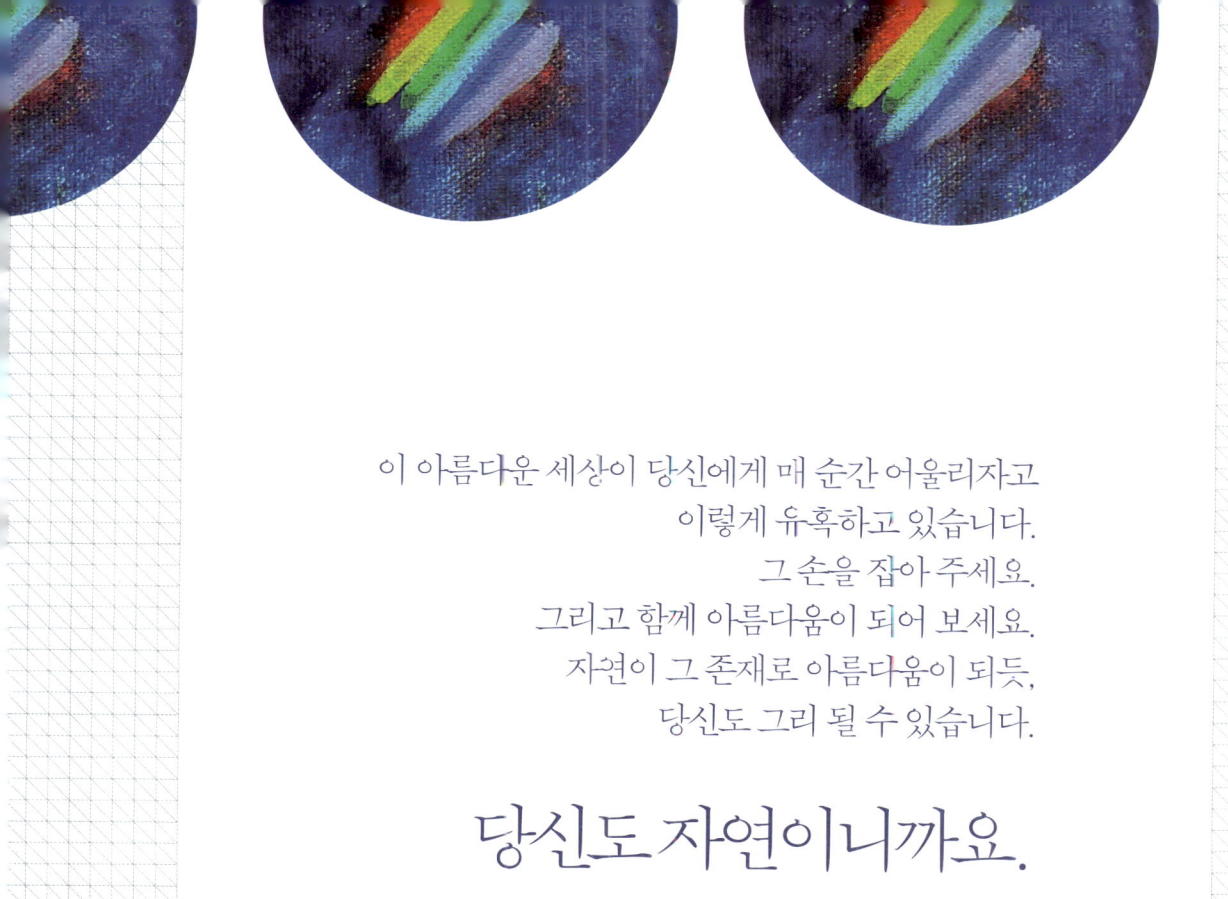

이 아름다운 세상이 당신에게 매 순간 어울리자고
이렇게 유혹하고 있습니다.
그 손을 잡아 주세요.
그리고 함께 아름다움이 되어 보세요.
자연이 그 존재로 아름다움이 되듯,
당신도 그리 될 수 있습니다.

당신도 자연이니까요.

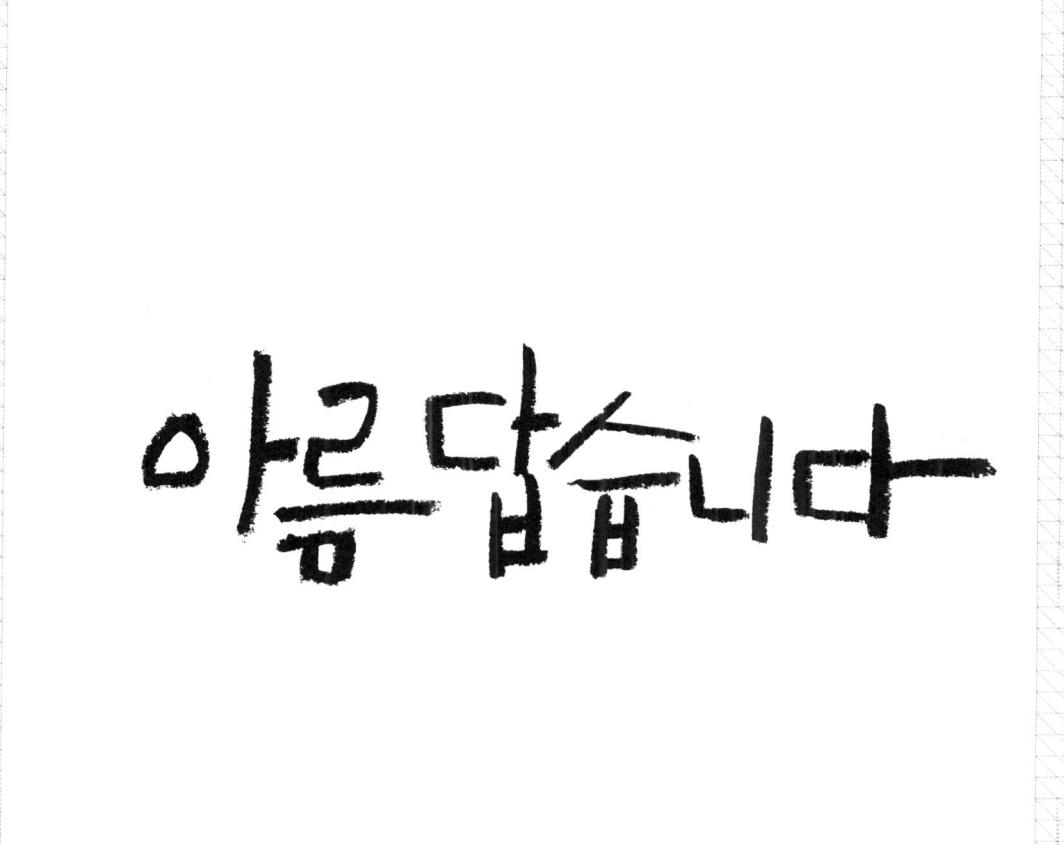

Chapter. 6
위로합니다

**중요한 것은 내가 무슨 일을 하느냐가 아니라
삶의 여정을 거치면서 어떤 존재가 되느냐이다.**

<u>카트린 애덤스 샤피로</u>

140
위로합니다

사람들에게는 소중한 것이 하나씩은 있기 마련입니다.
그것은 물건이 될 수도 있고, 사람이 될 수도 있으며,
함께 살거나 기르는 다른 생물이 될 수도 있겠지요.
온 마음을 다해 사랑한 것을 잃어버렸을 때나
잃어버릴 것 같은 위기에 처한 사람을 만났을 때,
저는 그 사람을 위해 어떤 말을 해 주어야 할지,
어떤 것이 상대에게 위로가 될지 생각해 봅니다.
아마도 가장 좋은 위로는
그 사람을 고독하지 않게 해 주는 것이겠지요.
특별한 말 한 마디라든가 유난한 선물이 아니더라도,
상대방과 같은 결을 느끼고
그 슬픔을 공유할 수 있는 사람이 있음을 알려 주는 것이,
그렇게 한동안 함께 있어 주다 그 슬픔에서
빠져 나오도록 이끌어 주는 것이,
진정한 위로입니다.

위로란 덮어 주는 것이 아니라
나란히 있어 주는 것이라고 믿습니다.

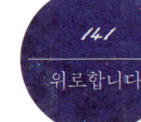

142

위로합니다

그래서 우리는 충분히
누군가의 위로가 될 수 있는 것이지요.
위로해 주고 싶은 사람이 있다면
위로가 필요한 사람을 발견했다면,
먼저 그 사람의 상처를 바라봐 주세요.
그 사람의 마음과 같은 마음으로
그를 이해해 주길 바랍니다.
그리고 그 사람이 다른 행복을 통해
전진할 수 있도록 도와주세요.
사소한 일상에서 소소한 행복을
찾아낼 수 있도록 말입니다.
위로는 상처를 덮어줄 뿐 아니라
새로운 행복으로 들어서게끔 만드는
삶의 소중한 에너지라는 것도 잊지 마시기 바랍니다.

당신은 누군가의 위로이며
에너지가 될 것입니다.
참 소중한 당신이지요.

When one door of happiness closes, another opens;
But often we look so long at the closed door that we do not see the one which has been opened for us.

; Helen Keller

행복의 문 하나가 닫히면 다른 문들이 열린다.
그러나 우리는 대개 닫힌 문들을 멍하니 바라보다가
우리를 향해 열린 문을 보지 못한다.

: 헬렌 켈러

위로받고 싶을 때가 있습니다.
그리고 때로는 위로해 주는 이가
단 하나도 없을 때가 있기도 하지요.
그럴 때면 스스로가 참으로 작고 보잘것없이 느껴집니다.
하지만 기억하세요.
언제나 거기에는 위로해 주기 위해
기다리고 있는 이가 있습니다.

바로 자신입니다.

146
위로합니다

"괜찮다. 다 괜찮다."

그렇게 말해 주세요.
오른손으로 왼손을 잡듯,
오른발이 땅을 박차고 떨어질 때
왼발이 땅에 기대어 몸을 받쳐주듯,
우리는 우리 자신으로도 위로하고
기댈 수 있는 존재입니다.
그렇게 만들어진 존재입니다.
아무도 이해해 주지 않고,
위로해 주지 않을 때
두 팔을 뻗어 스스로를 안아 주세요.

그런찮아면 다 괜찮아요.

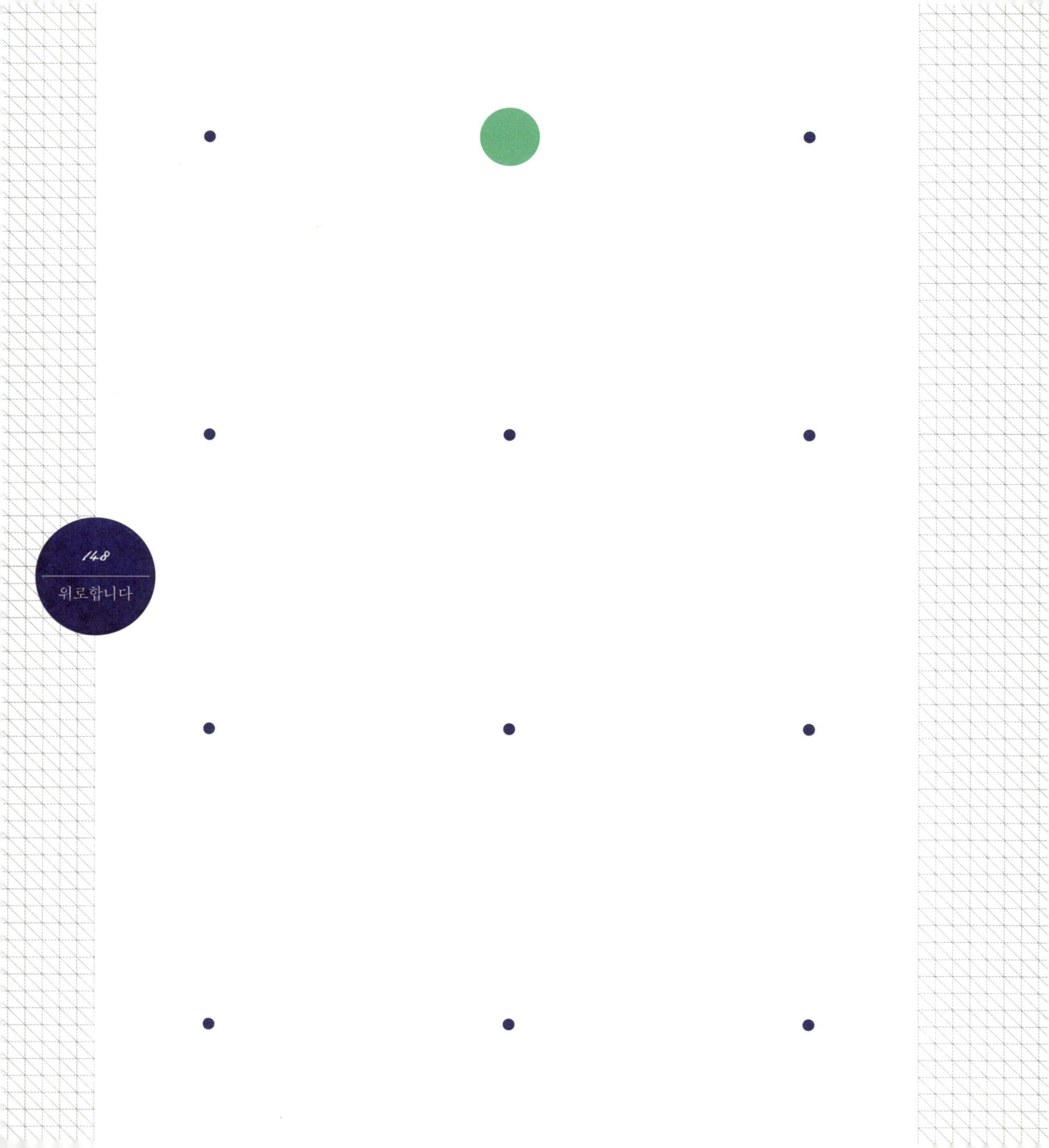

148
위로합니다

고난은 살아가는 동안
언제든지 찾아오기 마련이다.
그럴 때면 고개를 젖히고 하늘을 향해
이렇게 말하라.
"나는 너를 이기고 말 거야."
그리고 가장 위안이 되는 이 말을
자신에게 들려주길.

"이것 또한 지나가리라."

: 헨리 제임스

친구나 가장 가까운 사람이 힘들어할 때
곁에서 가장 큰 힘이 되는 위로는 **침묵**입니다.
어떤 말도 하지 말고 그냥 따뜻한 시선으로
그의 눈동자를 바라보아 준다든지
어깨를 다독여주는 것입니다.
중요한 것은 곁에 있어 준다는 사실입니다.
어떤 말로도 위로가 되지 않을 슬픔이나 고통이 있습니다.
그럴 때, 그 친구를 위하여 당신이 정성으로 만든
그 무엇을 선물하는 것도 좋습니다.
이를테면 그 사람이 아파하는 동안
그 사람을 위하여 목도리를 짜준다든지
손으로 만든 그 무엇을 전해 주는 것이지요.

당신의 정성이 담긴,
소소하지만 세상에 단 하나뿐인 그 선물은
그 어떤 말보다 큰 위로가 될 것입니다.

저에게 가장 큰 위로는 기도입니다.
저 자신이 힘들 때나 주변 사람들이 힘들어할 때
기도를 하는 것입니다.
기도는 참 힘이 셉니다.
먼저 마음이 편안해지고, 그 기도하는 사람의 마음이
제게 전달되는 것을 느낍니다.
그 다음 제게 위로가 되는 것은 자연입니다.
이렇게 해 보세요.
아주 힘이 들거나 실의에 빠졌을 때
하늘을 한참동안 올려다보고 계세요.
십 분, 이십 분, 삼십 분…… 한 시간.
아무 생각 없이 올려다보기만 해도
마음이 편안해지고 위안이 된답니다.
하늘에는, 아니 저 우주에는
우리 마음을 치유해 주는 에너지가 있기 때문이지요.
그것이 우리에게 늘 내려오고 있다는 것을 느껴 보세요.

현명한 사람은
자신의 불행이나 고충을
털어 놓는다든지
동정을 구걸하지 않는다.
남몰래 참아내면
언젠가 고통도 사라지고
도움의 손길은
여전히 남아 있게 된다.

: 발타자르 그라시안

치유,
위안.

153
위로합니다

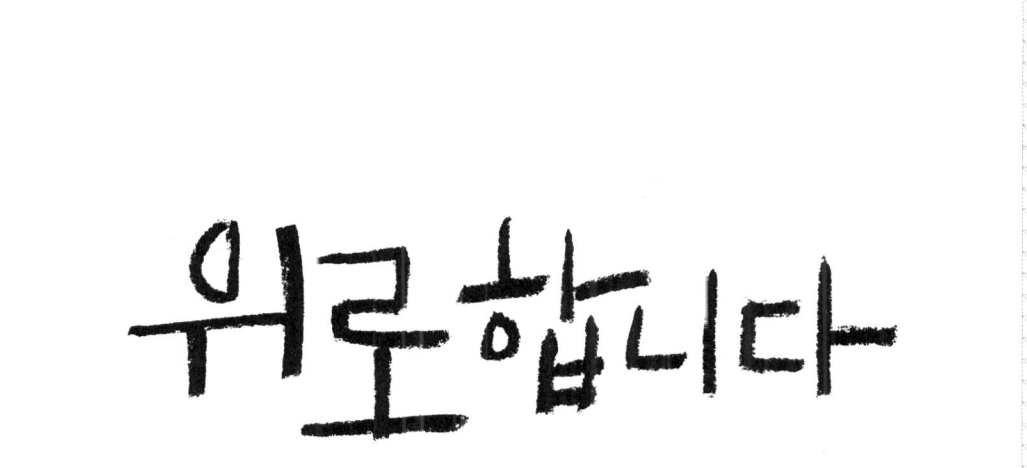

Chapter. 7

용서합니다

이해하는 것은 곧 용서하는 것이다.
알렉산더 체이스

160
용서합니다

우리는 모두 용서를 받은 존재입니다.
어머니를 아프게 하면서 태어났던 그 죄를 사함 받았고,
길을 걸으며 밟는 땅 속 생물들, 우리가 음식을 취하며
생물들의 생명을 앗음에도 용서받고 있습니다.
또한 오랫동안 부모님과 가족들의 보호와 사랑을 받으면서
때로는 그들을 아프게도 합니다.
하지만, 그럼에도 여전히 우리는
용서받고 사랑받는 존재입니다.

그렇기에 우리는
반드시 용서를 베풀고
나눠야 할 의무가 있습니다.
누군가를 용서하기를
주저하지 마세요.
여러분은 용서를 받아온 존재이고,
지금도 용서받고 있습니다.

용서합니다

162

용서합니다

When a deep injury is done us, we never recover until we forgive.

; Alan S. Paton

우리가 입은 상처는
용서하기 전까지는 결코 회복되지 않는다.

: 앨런 S. 페이튼

When a deep injury is done us,
we never recover until we forgive.

Alan S. Paton

용서합니다

"너희는 원수를 사랑하여라. 그리고 너희를 박해하는 자들을 위하여 기도하여라."라는 성경 구절이 있습니다. 이 구절에서 그분은 원수를 사랑하라고 말씀하셨습니다. 무슨 뜻일까요? 그분의 용서가 필요한 사람을 위해 기도하라는 뜻입니다. 인간으로서는 쉽지 않은 일입니다. 사실, 어려울 뿐이지요. 그렇지만 '삶은 참 재미있구나.' 하는 생각을 부르기도 합니다. '원수를 위해 기도를 하라니, 가능한 일입니까?'라는 생각이 들기 때문이지요.

또 다른 예를 들어 볼까요? 저는 구약성서의 요셉이 떠올랐습니다. 그가 얼마나 고통을 당했는지 기억하십니까? 형제들이 그를 죽이려 들었지요. 경멸을 당했고, 이집트로 팔려가게 되었습니다. 그리고 이집트의 감옥에서 오랫동안 고통까지 당했지요. 그런데, 요셉은 무죄한 소년이었습니다. 그럼에도 그는 누군가를 미워하지 않았고, 고통을 피하지도 않았습니다. 그 결과, 집 잃은 요셉에게 그분은 한 나라를 주셨습니다.

그분께서는 늘 더 좋은 계획을 가지고 계십니다. 요셉은 나라를 얻은 뒤 자기 아버지를 데려 왔습니다. 그는 자기를 경멸하고 뺨을 친 형제들을 용서했지요. 그의 마음이 그의 삶에 좋은 것들을 가져다 주었습니다. 단단한 마음, 누군가를 미워하지 않고 용서하는 마음은 분명 인간에게 쉬운 일이 아닙니다. 그러나 더 중요한 것은, 그런 용서 없는 마음이 우리를 고통스럽게 하고, 우리 삶을 아주 힘들게 한다는 것입니다.

용서는 무엇일까요?
'자신의 상처를 기억한다는 것' 아닐까요.
나에게 상처를 준 사람을 기억하고,
그럴 수밖에 없었던 그 사람을
이해하고 기도하고 축복해 주는 것이
용서입니다.

사람들은 보통 용서는 않고 기억만 합니다. 인간이기에 쉽지 않습니다. 겉으로는 용서했다고 말하지만, 마음에 그 슬픔과 분노를 묻어 둡니다. 이따금 묻어 두었던 것들이 튀어 올라와 지독한 고통을 주기도 하지요. 그러니 사람과 사건을 기억하는 데서 멈춰서는 안 됩니다. 기도하고 축복해 주어야 합니다. "그에게 기쁨과 행복을 돌려주십시오. 그의 일을 축복해 주십시오." 하고 말입니다. 그러면 무슨 일이 일어날까요? 은총이 작용합니다. 은총으로 그 상처가 없어지는 것입니다. 스스로 치유할 수 있는 힘이 생겨나 상처와 고통도 없어집니다. 인간은 마음 때문에 신체에 병이 생기기도 하고, 때로는 마음이 병들어 무너지기도 합니다. 올바른 길로 가지 못하게 방해하기도 하지요. 그런 것들이 바로 삶의 고통입니다. 미워하거나 증오하는 마음이 눈덩이처럼 커져 내면에 얼어붙으면 정말 벗어나기가 어렵습니다. 부정적인 곳으로 빠져들게 되지요. 저는 세상에서 가장 소중한 당신이 타인을 용서할 수 있기를 바랍니다. 삶에서 좀 더 큰 것을 바라보고 살기를 기도합니다. 미워하는 마음 대신, 타인을 용서하고 스스로 평안을 찾아 좀 더 중요한 일에 집중할 수 있기를 말이지요.

하느님이 당신에게 말하는
'용서'는 죄인을 향한 용서이자
당신의 평화를 위한
열쇠이기도 함을
잊지 말길 바랍니다.

170
용서합니다

당신의 마음을 아프게 한
사람이 있습니까?
용서하세요.
그 사람 덕분에
당신은 중요한 것들을
배웠습니다.
당신의 마음을 여는 법,
다친 마음을 추스르는 법,
그리고 흉터가 있는 마음을
안고 나아가는 법.

Without forgiveness, life is governed by an endless cycle of resentment and retaliation.

; Roberto Assagioli

용서 없는 삶이란, 끝없는 분노와 보복의 순환이다.

: 로베르토 아사지올리

174
용서합니다

모든 걸 알면
모든 걸
용서할 수
있는 걸

• 모든 걸 알면 모든 걸 용서할 수 있을 것을

내가 그대를 알고, 그대가 나를 알면,
우리 둘 다 신성한 마음의 눈으로
서로의 가슴에 품은 생각의 의미를
분명히 볼 수만 있다면,
진정 그대와 나의 차이는 줄어들고
정답게 서로의 손을 맞잡을 수 있을 것을.
장미가 송이마다 가시를 품고 있듯이
인생에도 하많은 걱정이 숨어 있는 법.
내가 그대를 알고 그대가 나를 알면
모든 것의 참 이유를 마음으로 볼 수 있을 텐데.

: 닉슨 워터맨

살아가는 동안 가장 어려운 것이 용서입니다.
상대방이 용서를 받아들이지도 않고
용서를 해 주어도 미안해하거나 반성하지 않는데
용서를 하는 것은 자신 마음이 편해지기 위해서 아니냐, 라는
말을 하는 사람도 있습니다.
그렇습니다.
용서란, 먼저 자신의 마음이 분노로 차 있는 것을
잠재우고 편해지기 위함입니다.
나아가 용서는 당신의 품격이기도 합니다.
덕을 쌓는 일이기도 합니다.
상대방이 그리고 누군가가 용서를 받아들이든
그러지 않든 간에 자신의 마음에서 먼저 용서를 하세요.
완전히 용서를 할 때,
어느새 자신은 그들과 다르다는 것을 느낄 것입니다.
그것이 바로 성장입니다.

용서는
자신의 영혼을 성장시키는 데
큰 연습이 됩니다.

용서하지 않고 화내고 분노하고 미움으로 가득차 있다면
그것은 불량배나 다름없습니다.
용서하기가 너무 어려울 때는 먼저 자신을 생각하세요.
그리고 이렇게 생각하세요.
'나는 큰 사람이다. 그렇기 때문에
나에게 상처를 주고 분노를 주고 아픔을 준 그를
그들의 잘못을 가르쳐 주어야 한다.
그러니 내 마음 안에서 먼저 용서하자.'
이것이 용서하는 방법의 첫 단계입니다.
그렇게 우리 마음이 공부를 할 수 있게 하는 것이 용서입니다.
수많은 장애물을 넘는 것처럼 마음에 걸리는 많은 것들을
넘어야 합니다. 그러면 어느새 당신은
영혼이 많이 성장한,
큰 사람으로 우뚝 서 있을 것입니다.

용기는 죽는 것이 아니라 사는 것에서 시험된다.

<u>피에르 알페리</u>

골리앗이
이스라엘 군사 앞에
나타났을 때
병사들은 한결같이
생각했습니다.
'저렇게 거대한 자를
어떻게 이길 수 있을까?'
그러나 그때 다윗은
이렇게 말했습니다.

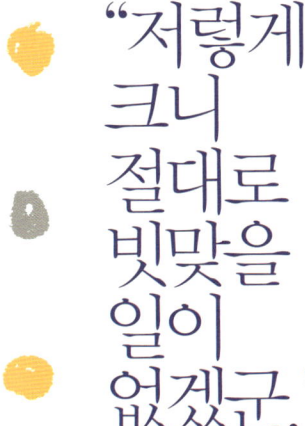

"저렇게
크니
절대로
빗맞을
일이
없겠군."

어떻게 생각하느냐에 따라 모든 것은 달라집니다.
안 될 것, 실패할 것을 먼저 생각하면
실패할 수밖에 없습니다.
용기는 자신감입니다. 긍정입니다.
'안 되면 어떡하지?', '할 수 있을까?'라는 생각보다
'잘할 수 있어, 될 수밖에 없어.'라는 생각을
계속 주입시키다 보면 그렇게 될 수밖에 없습니다.
'나는 장애를 가졌으니까 할 수 없어.'
이런 생각에서
'아니야, 나는 남들과 다른 장애를 가졌기 때문에
할 수 있는 것이 있어!'
이렇게 생각하고 시작한 것이
'중증 여성장애인 요양시설'입니다.
제가 그림을 그릴 수 있고
중증 여성장애인 요양시설에서
일할 수 있는 것도 용기 때문이었습니다.
용기는 자신을 바꾸어 줍니다.
변화시켜 한 걸음 더 나아가게 합니다.

매화는 용기를 상징하는 꽃이다.
어째서 매화가 용기를 상징하는가?
바로 눈 속에서도 꽃을 피우기 때문이다.
눈이 오고 찬바람이 불더라도
매화는 개의치 않는다.

: 앤 M. 린드버그

"COURAGE IS WHAT IT TAKES TO STAND UP AND SPEAK; COURAGE IS ALSO WHAT IT TAKES TO SIT DOWN AND LISTEN."

; Winston L. S. Churchill

필요할 때 일어서서 말하는 것도 용기이지만
앉아서 경청하는 것도 용기이다.

: 윈스턴 L. S. 처칠

베드로가 이렇게 물은 적이 있습니다. "죄를 지은 형제를 몇 번이나 용서해 주어야 합니까?" 그러자 그분은 이렇게 대답하셨습니다. "일곱 번이 아니라 일흔일곱 번까지라도 용서해야 한다."

 말씀이 과한 듯싶지만 이렇게 생각해 보면 어떨까요? 미움은 한 번 마음에 들어오면 도통 나갈 줄 모르기에 끊임없이 반복됩니다. 오히려 더 커지기도 하지요. 그러니 이 미움을 잠재울 수 있는 용서 또한 끝없이 되새김질해야겠습니다. 아마 이런 맥락에서 그런 말을 하셨으리라 생각합니다.

 그런데 문제가 있습니다. 미움과 같은 감정들은 조금만 여지를 주면 마음에 잘도 들어서는데, 용서는 쉬이 마음에 자리 잡히지도 않고, 자리 잡으러 들어오지도 않는다는 것입니다. 그 힘이 아주 커지지도 않고, 마음에 들어와서도 미적미적할 때가 있지요. 왜일까요? 많은 사람들은 "잘못한 사람이 먼저 용서를 구하는 것이 옳다."라고 말합니다. 덧붙여서 "누군가를 용서하는 것은 커다란 용기."라고 하지요. 누군가의 잘못에 돌을 던지는 것은 누구나 할 수 있지만 그것을 감싸 안는 것은 누구나 할 수 있는 일이 아니기 때문입니다. 스스로를 사랑하는 마음이 타인을 용서하는 마음보다 더 크기 때문에, 자신에게 상처 준 사람을 용서하는 데에는 큰 결심이 필요한 것이지요.

용기의 속성은, 지켜야 할 것을 정말로 지켜내는 데에 있습니다. 머리로만 아는 것이 아니라, 아는 것을 실천하는 것이 용기인 셈이지요. 어떤 상황에 있든 옳은 것을 향해서 나아가는 것도 포함이 되겠습니다. 좀 더 넓은 의미에서 보자면, 용서는 용기가 있을 때에만 행해지는 일이기도 합니다. 자신의 다친 마음 때문에 생긴 슬픔이 미움으로 번졌다면, 이 상처를 진정으로 치유하는 것은 용서이지요. 하지만 그 전에 나약한 감정을 극복하여 스스로를 지켜내는 것, 마음의 흔들림을 멈추어 세우겠다는 결단이 필요합니다. 이것이 바로 용기입니다.

그러니 당신 안에 자리 잡은 작은 용기를 열심히 키워내길 바랍니다. 쉬운 일은 아니지만, 누구나 할 수 있습니다. 당신의 용기가 만든 용서는 당신을 좀 더 넓고 깊은 사람으로 거듭나게 만들 것입니다. 당신을 위해 기도하겠습니다.

삶에 있어 최대의 영광은
한 번도 실패하지 않은 것이 아니라
넘어질 때마다 일어나는 것이다.

; 올리버 골드스미스

이 글을 읽을 수 있다면,
당신은 용기가 있는 사람입니다.
글을 깨우치기까지는 분명, 수없는 실패를
맛보고 도전하기를 반복했을 것이기 때문입니다.
'용기'라는 단어는 무척이나 크고 위대한 단어처럼
보일 수 있습니다. 그러나 실상 우리는 살면서
매순간 매초를 용기와 함께 살고 있습니다.
아침에 눈을 뜨고 새 날을 맞이하는 용기.
넘어질 수 있음에도 발을 내딛는 용기.
문을 열고 나서서 목적지로 향하는 용기.
사람들 속에 부대끼며 나아가는 용기.
먼저 미소 짓고 인사를 건네는 용기.
누군가에게 말을 하고 소통하며 전달을 시도하는 용기.
척박하고 냉혹할 수도 있는 세상과 부딪치고
그 속으로 들어가는 용기.

당신은 용감한 사람입니다.
용기가 넘치는 사람입니다.
당신의 용기에 갈채를 보냅니다.

198
용기를
드립니다

지금도 늦지 않았다

아직 늦지 않았다.
나 자신을 보고 활짝 웃기에…….

삶이란, 진지하게만 대하기에는 너무 짧다.
다른 사람들을 보고 웃어 주는 일은 쉽지만
우리 자신을 보며 활짝 웃기는 훨씬 더 어렵다.
그러나 오히려 더 가치 있다.
우리 삶이 가벼워지고
더불어 다른 사람의 삶도 밝게 해 주고
자신에 대한 신뢰와 가치를 심어 주며
진정 다른 사람들의 사랑을 받게 해 준다.

; 패트릭 린지

199
용기를
드립니다

양지바른 언덕에 핀 예쁜 꽃들에게도
다 비바람을 견뎌 낸 사연이 있습니다.
비바람에 몸을 내맡긴 채 천둥번개가 칠 때마다
절망에 떨어보지 않은 꽃이 어디 있겠습니까.
비바람 몰아치는 여름을 잘 견딘 꽃들이
튼튼한 열매를 맺듯이
무겁고 힘든 삶의 짐을 잘 지고 견딘 자만이
진정한 삶의 열매를 맺을 수 있습니다.

: 정호승, 《괜찮아 살아있으니까》 중에서

200
용기를
드립니다

"Have courage for the great sorrows of life
and patience for the small ones and when you have
laboriously accomplished your daily task,
go to sleep in peace. God is awake."

; Victor-Marie Hugo

큰 고난에 맞설 수 있는 용기를,
작은 시련을 견딜 수 있는 인내를 가져라.
고단한 하루 일과를 마쳤다면
이제 안심하고 잠자리에 들기를.
신께서 깨어 계시니.

; 빅토르 위고

201
용기를
드립니다

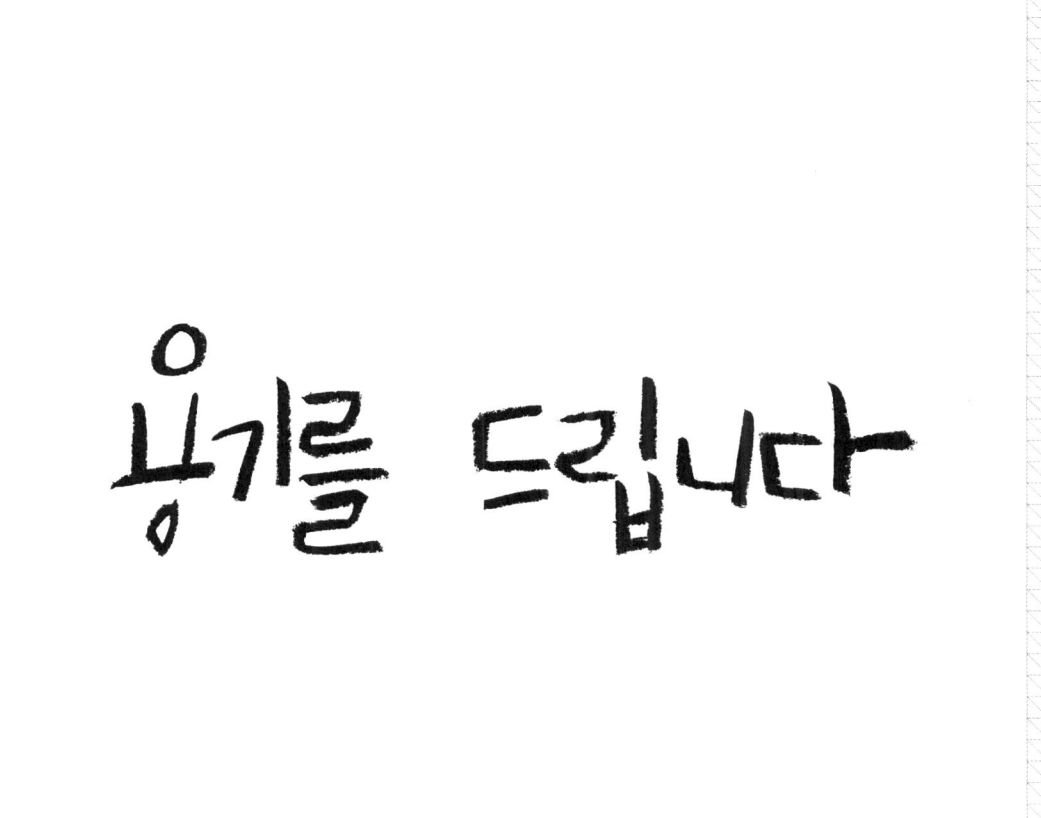

Chapter. 9

희망을
드립니다

고통 속에서도 간절한 희망을 품고 조금씩 움직여 나가면
능히 그곳에 다다른다.

사무엘 버틀러

동화가 된 수녀

키가 큰 편인 한 소녀가 있었습니다.

운동시간에는 뒤에서 세 번째에 서고, 교실에서는 맨 뒷줄에 앉던, 얼굴은 둥글고 눈은 쌍꺼풀이 없는 갸쭉한 한국인의 눈 모양새 그대로인 소녀였습니다. 모든 소녀들처럼 하느님께서 심어 놓은 착하고 여린 마음이 그 안에 가득해, 점심을 못 먹는 반 친구를 보면 어머니를 졸라서 도시락 한 개를 더 가져와 함께 먹는 것이 즐거운 아이였지요. 그때는 학급별로 저축을 했는데, 학년이 올라가면서 지난 학년 것을 못 찾고 있는 친구의 손을 잡고 담임선생님을 찾아가 대신 사정을 말해 주기도 하면서 초등학교를 즐겁게 다녔습니다.

국어와 사회는 성적이 아주 좋았지만 수학은 정말 싫어했고, 노래는 좋아했는데 음악 성적은 언제나 중간, 한문 시험 때 열 문제 중 한 문제만 맞아 부모님 도장 받아오라는 선생님 말씀에 마음을 졸이다 밤까지 지새우고는 학교 가기 직전에야 어머니에게 도장을 받은 소녀였지요.

양재 솜씨가 좋은 어머니가 직접 옷을 만들어 입혀 주곤 했는데, 언니 옷이 더 예뻐 보이면 금방 눈물을 뚝뚝 흘려서 욕심 많다고 꾸중을 들었고, 오빠들이 "앞짱구, 뒤짱구!"하고 별명을 부르며 놀리면 하루 종일 눈물을 펑펑 쏟아서 울보라는 별명 하나를 덧붙였던 소녀이기도 했습니다.

그런 평범한 소녀가 병이 났습니다. 관절 뼛속이 곪아서 못 쓰게 되는 불치병. 소녀는 3년 동안 그 병에 시달리다 그만 온몸의 관절이 굳어 버리고 말았습니다. 결국 양 손과 상체, 목만 조금씩 움직일 수 있을 뿐, 완전히 누워서 살게 되었지요.

처음에는 친구들이 종종 찾아오기도 했습니다. 하지만 차차 어머니, 아버지, 오빠, 언니, 동생만을 만나며, 책과 라디오, TV를 통해 세상을 배우고 어른이 되어갔습니다. 책 속에서 읽었던 장소로 가서 그 주인공들과 만나 이야기하는 꿈을 꾸었고, 라디오에서 들었던 음악을 연주하는 음악회에서 생생한 악기 소리와 노래를 만나는 꿈을 꾸곤 했습니다. TV에서 본 아름다운 풍경들과 시장의 활기찬 북적거림 속에 섞여서 건강한 두 다리로 왔다갔다하며 사는 꿈을 꾸곤 했습니다.

    그런 꿈에서 깨어 아침을 맞으면 작은 방의 벽들이 몸을 내리누르는 듯한 답답함에 시달렸고, 목까지 차오르는 눈물을 억지로 삼키곤 했습니다. 천성이 활발한 그 소녀는 그림을 그리기 시작했습니다. 그러던 어느 날 눈부시게 따사로운 햇살이 비껴든 방에서 아버지의 책상 위에 놓여 있는 한 권의 책을 읽으며 예수님의 사랑을 만나게 되었습니다.

    예수님의 사랑을 따르겠다고 고백한 그 기쁨의 날 이후, 소녀는 건강한 이들과 장애인들이 함께 생활하며 기도하는 공동체에 들어가서 살게 되었습니다. 매일 미사를 할 수 있고, 수도자의 기도를 바치며 살 수 있는 수녀라는 삶이 있다는 것을 알았을 때, 이 세상 어떤 일보다 가장 하고 싶다고 생각할 정도로 그 삶에 매혹되었습니다. 하지만 장애인이었기에 아예 생각도 하지 않고 있었지요. 그런데 한 신부님이 소녀에게 앞으로 건강한 이들과 장애인들이 함께 수도 생활을 하는 수녀회를 만들겠다고 하셨습니다. 소녀는 가만히 생각했습니다.

'신부님은 꿈을 먹는 어른이야. 어떻게 나를 수녀로 만드시겠다고. 그런 건 동화에서나 있을 수 있는 일이야. 세상사람 누구도 이해 못할걸.'

그러면서도 기도와 성서 읽기를 정말 열심히 했답니다. 다른 사람들과 함께 삶의 기쁨을 나누며 사는 것이 가장 아름답게 사는 것이라고 믿고 그렇게 열심히 살았답니다.

지금 그 소녀는 수녀로 살고 있습니다. 그리고 그 소녀를 만나는 사람들마다 묻습니다.

"어떻게 수녀가 될 수 있었어요?"

소녀는 대답합니다.

"저도 잘 모르겠어요. 동화 같은 꿈을 꾸는 신부님하고, 사랑은 모든 것을 할 수 있다고 믿는 예수님하고 둘이서 하신 일이에요. 전 다만 그렇게 하는 것이 옳은 일 같아서, 그렇게 하면 마음이 편하고 기쁘니까 열심히 따라갔을 뿐이에요."

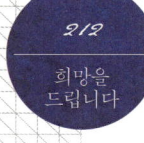

212
희망을
드립니다

희망은 고운 무지개이고,
작은 씨앗입니다.
마음에 간직한
노래입니다.

희망은 어디에나 있습니다.
단지, 우리가 그것을 보고 듣지 못할 뿐입니다.
한 방울의 물속에도 무지개가 들어 있고,
꽁꽁 언 겨울 땅 속에도 생명을 품은 작은 씨앗들이
잠들어 있습니다.
힘겨워 숨이 턱턱 차오르는 순간에는
저도 모르는 사이에 노래 한 자락이 새어 나옵니다.
그것이 희망입니다.
희망을 간직한 삶은 풍요롭습니다.
희망을 잃어버린다면 지금 몰아치는 거센 비바람과
꽁꽁 언 겨울 땅이 이 세상의 전부라 여기게 될 것입니다.
그만 털썩 주저 앉아버리고 말 것입니다.
하지만 아무리 거센 비바람도 그치기 마련입니다.
아무리 혹독한 겨울도 지나가기 마련입니다.
그러면 어김없이 무지개가 뜨고, 새싹이 움트고, 꽃이 피고,
열매를 맺는 아름다운 시절이 올 것입니다.

시련, 그 너머를 꿈꾸는 것.
그것이 바로 희망입니다.

그러니 저는 오늘도 흥얼흥얼 노래 한 자락에
마음을 싣습니다
내년 봄에는 또 얼마나 예쁜 꽃이 필까,
이런 저런 궁리도 해 봅니다.
희망.
시련을 함께 이겨 내기에
이보다 더 훌륭한 친구가 있을까요?
희망은 참으로 좋은 것입니다.

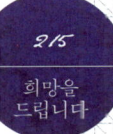

215
희망을
드립니다

THE TRUE HARVEST OF MY DAILY LIFE IS SOMEWHAT AS INTANGIBLE AND INDESCRIBABLY AS THE TINTS OF MORNING OR EVENING. IT IS A LITTLE STAR-DUST CAUGHT, A SEGMENT OF THE RAINBOW WHICH I HAVE CLUTCHED.

; Henry David Thoreau

216
희망을 드립니다

우리는 세상의 아름다움을
그저 스쳐 지나갈 뿐이며,
흘깃 그 일부만을 바라볼 뿐이다.
그러나 올바른 시각으로 바라보면,
우리는 무색의 얼음 속에서도
반짝이는 무지개의 빛깔에
황홀할 수 있으리라.
한 방울의 물속에도
무지개는 들어 있다.
단지, 우리가 그것을
보고 듣지 못할 뿐이다.

: 헨리 데이비드 스로우

뛰어난 능력을 가진 사람이나 특정 인물들에 대한 이야기를 곰곰이 생각해 볼 때가 있습니다. 인간의 힘으로는 재어 볼 수 없는 어떤 힘이 그 인물을 돌보고 있다는 느낌을 받을 때면 '나는 어떤 존재인가, 나는 참으로 초라한 삶이구나.' 하고 낙담하게 되는 날이 있지요. 꽤 많은 분들이 살면서 몇 번은 그런 생각에 잠겨 스스로에게는 희망이 없다고 생각할 때가 있을 것입니다. 잘되는 사람들은 특정한 사람들일 뿐이고, 저와 같은 사람들은 그저 이렇게 삶을 겨우 살아내다가 죽는 것이 아닌가 하는 생각 말이지요.

그런 시기가 저에게도 있었습니다. 그저 해야 할 것들만 겨우겨우 해내면서 마음이 얼마나 복잡했는지 모릅니다. 그때에는 그림을 그리는 것도 쉽지 않았습니다. 그려야만 살 수 있을 것 같은, 그런 벅참이 남아 있지 않았습니다. 무기력했습니다. 희망을 갑자기 잃어버린 삶에는 슬픔뿐이었지요.

그러던 어느 날입니다. 여느 때처럼 창밖을 내다보고 있는데 하늘에 참외 모양의 구름이 꽤 빠른 속도로 하늘을 기어가고 있었습니다. 살기 위해 바삐 움직이는 작은 애벌레처럼요. 처음에는 그 하늘과 구름의 색이 눈에 들어오지 않았는데, 점점 그 색이 선명해지더군요. 파랗고 하얀, 또렷함이 있었습니다. 명색이 무지개를 그리는 수녀인데, 그 무기력한 나날 동안 세상의 빛까지 읽어내지 못했음을 그제야 알았습니다.

자기 자신이나 자신의 삶이 우주와 분리되거나 어떤 울타리 밖으로 쫓겨난 것 같은 기분이 들 때가 있는 것 같습니다. 그런데 생각해 보면 이는 일종의 착각일지도 모릅니다. 자연에서 모든 것에는 존재의 의미가 있고, 저마다 가진 능력이 있듯이. 그리고 그 존재 자체가 소중하듯이, 저 역시 다르지 않다는 것을 저는 잠시 잊고 있었습니다. 어쩌면 그때 깨우쳤는지도 모르지요.

세상의 모든 것을 창조하시고 사랑하시는 그분을 따르겠다 하고서는 그 며칠 동안 저는 그분의 섭리에 반하는 생각을 하고 있었던 것입니다. 스스로 갑자기 희망을 잃어버리고 방황했던 저를 저는 아직도 생생하게 기억합니다.

"사람은 별 같은 존재이고, 꽃 같은 존재이다."라는 말을 종종 주변 사람들로부터 듣습니다. 언젠가 사라질 별일지라도, 언젠가 지고 마는 꽃일지라도 그 존재의 의미가 사라지지 않는다는 뜻이 담겨 있지요. 존재함, 그 자체만으로 누군가에게는 감동을 주고 누군가에게는 사랑스러운 감정을 심어 줄 수 있는 기적 같은 힘을 갖고 있기 때문입니다. 그러니 생명을 가졌다는 것만으로도 희망이 있는 것이지요. 존재의 의미는 살아가면서 만들면 될 것입니다. 그러다보면 자연스레 깨달음도 깊어지겠지요.

   그 뒤로 더 자주 민들레나 나무 같은 생명을 그림으로 그려 봅니다. 붓끝으로 그런 생명을 표현하기 위해서는 유난한 관심과 집중이 필요한데, 이렇게 그림을 위해 더 열심히 관찰하다 보면 세상에 하찮은 것 없음을 더 깊이 알게 됩니다. 그 생명에 얼마나 큰 희망이 있는지 실감합니다. 지나가는 사람의 뒷모습도 소중해지는, 그런 날이 많아지지요.

   생명을 지닌 모든 것들에 희망이 건강하게 스며 있기를 기도합니다.

사람은
별 같은 존재이고,
꽃 같은 존재이다.

221
희망을
드립니다

222
희망을
드립니다

희망은 잠자고 있지 않는
인간의 꿈이다.
인간의 꿈이 있는 한,
이 세상은 도전해 볼 만하다.
어떠한 일이 있더라도
꿈을 잃지 말자.
꿈을 꾸자.
꿈은 희망을 버리지 않는
사람에게
선물로 주어진다.

: 아리스토텔레스

희망 갖는 것을 두려워하고 있지 않습니까?
희망을 가진다는 것은
엄청난 용기가 필요한 일입니다.
희망을 가진다고 함은 그 반대편에 있는
절망마저도 안아야 한다는 뜻이기 때문입니다.
그럼에도 희망을 가져야 하는 것입니다.
고뇌와 고통이 없는 삶은
환희와 즐거움이 없는 삶이기도 합니다.
그리고 그것은 죽음과 다르지 않을 것입니다.

**아파하십시오. 절망하십시오.
고통은 희망의 반증이며
살아 있다는 증거입니다.
그럼에도 희망을 가져야 하는 것입니다.**

**Nothing is hopeless,
we must hope for everything.**

; Madeleine L'engle

모든 것에는 희망이 존재한다.

: 메들린 랭글

225
희망을
드립니다

꿈을 밀고 나가는 힘은
이성이 아니라 희망이며,
두뇌가 아니라 심장이다.

; 표도르 M. 도스토옙스키

• 우리 가족을 위하여

여기 당신 앞에
우리의 작은 가족을 대령합니다
우리의 희망과 꿈을 가득 지니고서.

당신이
우리에게 필요한 것이 무엇인지를
더 잘 아시기에
우리가 서로 사랑할 수 있는 것보다
우리를 더 사랑하시기에.

우리 가족의 한 사람 한 사람이
온갖 놀라운 방법 중에서 첫째이며
가장 깊고, 가장 행복하면서도
가장 어려운 것은
저의 가족의 목소리입니다.

저의 사랑스러운 사람들에게만은
저의 있는 그대로의 저이고 싶습니다.

저의 가족에 대해 감사를 드립니다
우리가 서로 나누는
모든 것에 대해 감사를 드립니다.
기쁨과 웃음과 눈물과 일,
그리고 우리 한 사람 한 사람이
지닌 고유한 선물에 대해 감사드립니다.

무엇보다, 우리의 가정을 이루는
사랑의 선물에 대해.
그 사랑은 우리가 사랑이라는
말을 듣기도 전에
우리가 느낌으로 알고 있는 사랑,
바로 그것입니다.

우리에 대한 당신의 사랑을
나눌 기회를 주심에 감사드립니다.

우리를 용서하시고 치유해 주십시오
우리는 때로 서로에게 아픔을 주었기에.
우리의 사랑의 부족을
우리의 이기적인 움츠림을

229
희망을
드립니다

마음을 다치게 했던
말과 행위와 침묵을 용서해 주십시오.

우리는 매일매일, 매시간, 아니 매순간
당신의 치유가 필요합니다.
당신의 가없는 돌보심없이
어찌 우리가 서로를
사랑의 유대 안에 묶어 놓을 수 있겠습니까?

모든 사랑의 근원이시여
우리를 사랑으로 타오르게 하소서.

사려깊은 마음으로 서로 아끼며
기꺼이 용서하며
기쁘게 섬기며
진정 주고받을 수 있도록
우리의 마음을 열게 하소서.

우리의 사랑과 일치로 하여금
우리의 마음을 당신께로
나아가, 우리가 속한 인류

가족에게로 열게 하소서.

인류의 온 가족이 알게 하소서
진정한 사랑과 평화으 복락을 누릴 수 있음을.
가족이 사랑의 진원지
치유의 근원지
기쁨의 샘터가 되게 하소서.

그리고 언제 어디서나
우리가 서로서로
당신의 커다란 가족의 일원임을
잊지 않게 하소서.

: 조 만나스 신부

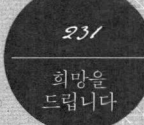

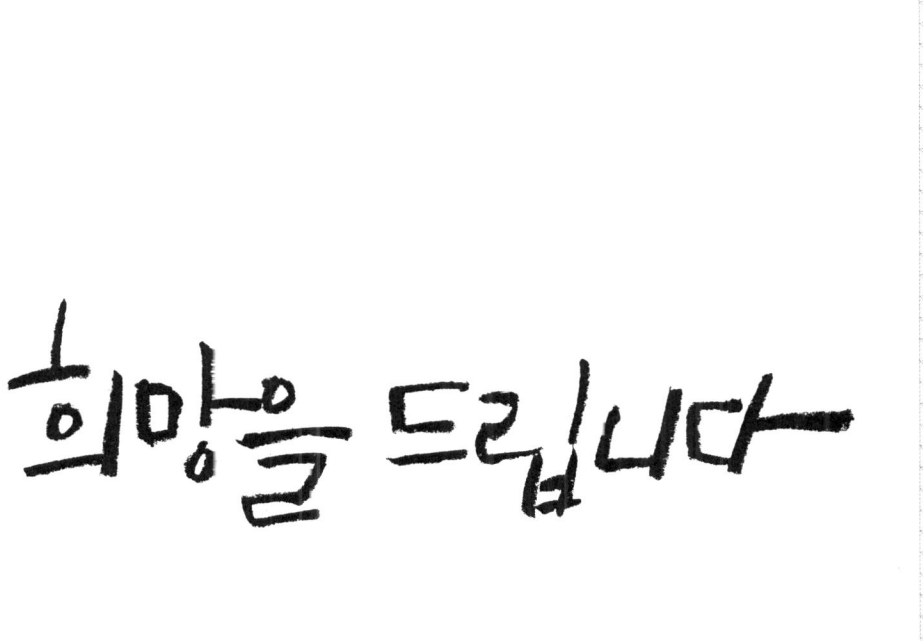

무지개를 드립니다

윤석인 예수 다윗 보나 수녀는 누워서 그림을 그립니다. 누워서 밥을 먹고 차를 마시고 책을 보고, 누워서 이야기하고 전화를 받고 일을 합니다. 사람들은 지치고 피곤할 때 "눕고 싶다."라고 말을 하지만 그는 "일어나고 싶다.", "걸어보고 싶다."라고 말합니다.

윤석인 수녀는 열한 살 때 '소아 류머티즘성 관절염'으로 쓰러졌고, 열세 살 때부터는 완전히 보행할 수 없는 아이가 되었습니다. 관절 끝에 붙은 연골이 점점 사라져서 움직이기만 하면 뼈마디가 갈리는 고통에 시달렸고, 이내 관절이 굳어 누워만 있어야 했습니다.

절망에 빠졌습니다. 좌절의 나날을 보내며 죽음도 결심했습니다. 하지만 살고자 하는 의지가 이보다 훨씬 더 강했습니다. 몸은 누워 있지만 정신은 꼿꼿이 일어서게 되었습니다. 굳은 결심을 했습니다. 누워 있을 수밖에 없어서 초등학교는 중퇴했지만 공부를 계속 하리라 마음먹었습니다.

그 뒤로 윤석인 수녀는 미친 듯이 책을 읽었습니다. 영어는 물론 한문도 독학했습니다. 세계문학부터 철학에 이르기까지 수많은 책들을 섭렵했습니다. 그렇게 누워서 사춘기와 이십 대를 보냈습니다.

서른 살 되던 해에 가족들의 적극적인 뒷받침으로 그림을 배우기 시작하면서, 책과 그림은 윤석인 수녀의 창문이었고, 친구였고, 세상이었고, 두 다리였습니다. 책과 그림은 그의 정신과 영혼을 일으켜 세웠습니다.

그리고 서른두 살의 나이에 가톨릭에 입문하면서, 한 올의 희망도 없어 보였던 생애에 무지갯빛 기적이 스며들었습니다. 가톨릭 영성단체 '작은 예수회'를 창립하신 박성구 신부님을 만나고 장애인과 비장애인이 함께 수도 생활하는 '작은 예수 수녀회'에 입회를 허락받아, 마침내 가톨릭 교회 2천 년 역사상 처음으로 장애인 수녀가 되었습니다. 윤석인 수녀는 장애를 가진 자신을 수녀로 만드신 하느님의 뜻은 장애인을 위하여 일하도록 하기 위함이라는 사명감에 중증 장애인 집짓기 운동을 시작하였습니다. 기도하고 모금하며 '행동하는 사랑'을 실천하는 이들과 함께 이루어내기 벅찬 꿈을 키워 나갔습니다.

세 가지 장애를 극복한 헬렌 켈러는 이렇게 말했습니다.

"장애는 불편합니다. 그러나 불행한 것은 아닙니다. 행복의 한 쪽 문이 닫히면 다른 한 쪽 문이 열립니다. 그러나 사람들은 닫힌 문만 보고 힘들어하기 때문에 우리를 위해 열려 있는 다른 문을 보지 못하는 것입니다."

누워 지낸 지 50년, 윤석인 수녀도 자신에게 열린 또 다른 문을 보게 되었습니다. 그것은 축복이었습니다. 감사였습니다. 경기도 가평군 중증 여성 장애인 요양 시설 '성가정의 집'에서 자신과 같은 중증 장애 여성들을 돌보고 무언가 해 줄 수 있다는 것 또한 그녀에게는 크나큰 축복이었습니다.

최근에 윤석인 수녀가 그린 무지개 그림들을 모아 책으로 엮었습니다. 그녀는 또 다른 환한 문이 열려 있는 것을 본 순간부터 무지개를 그리기 시작했습니다. 하느님께서 창세기에서 대홍수를 이겨내고 방주에서 나온 노아를 축복하시며 "무지개가 구름 사이로 드러나면, 나는 그것을 보고 하느님과 땅 위에 사는 온갖 몸을 지닌 모든 생물 사이에 세워진 영원한 계약을 기억하겠다." 하셨던 그 무지개 약속을 믿기 때문입니다. 그리고 지금 힘들고, 아프고, 어렵고, 절망에 빠져 지친 사람들에게도 분명 무지개가 뜰 것이라고 믿습니다.

윤석인 수녀는 말합니다.

"어떤 힘든 상황에서도 자신만의 무지개를 그려야 합니다. 머릿속에, 마음속에, 무지개를 떠올려 보세요. 소나기가 온 뒤 파란 하늘에 뜬 그 무지개 말입니다. 생각만 해도 마음이 평화롭고, 아름답고, 행복해질 것입니다. 그렇게 희망을 그리고 바라보며 걸어가세요. 그렇게 간절하게 그리고 생각하면, 분명 그렇게 됩니다.

걸을 수 없는 것보다 더 비극적인 일은, 걸을 수 있으면서도 자신의 꿈과 비전을 향하여 걷지 않는 사람입니다. 그러니 자신만의 무지개를 그리세요. 일곱 빛깔 꿈과 계획을 세우세요. 오늘도 저는 무지개를 그립니다. 그리고 여러분들에게 무지개를 선물합니다.

제 세례명, 예수 다윗 보나 중 '보나(Bona)'는 라틴어로 '좋은'

이라는 뜻입니다. 제 무지개 선물을 받는 여러분 모두에게 좋은 일이 있기를 바랍니다."

끝으로, 너무도 힘에 겨워 눈물이 나려 할 때 윤석인 수녀에게 큰 위안과 다시 일어설 힘을 주었던 구절을 전합니다. 테레사 수녀가 좋아했던 켄트 케이스의 글입니다.

그래도

사람들은 불합리하고 비논리적이고 자기중심적이다.
그래도 사랑하라.
당신이 선한 일을 하면 이기적인 동기에서 하는 것이라고 비난받을 것이다.
그래도 좋은 일을 하라.
당신이 오늘 한 선행은 내일이면 잊힐 것이다.
그래도 선한 일을 하라.
당신이 정직하고 솔직하면 상처받을 것이다.
그래도 정직하고 솔직하라.
당신이 여러 해 동안 만든 것이 하룻밤에 무너질지 모른다.

그래도 만들라

사람들은 도움이 필요하면서도 도와주면 공격할지 모른다.

그래도 도와주라.

세상에서 가장 좋은 것을 주면 당신은 발길로 차일 것이다.

그래도 가진 것 중에서 가장 좋은 것을 주라.

그리고 그 끝에 테레사 수녀는 이 말을 덧붙였습니다.

"모든 것은 당신과 하느님 사이의 일이지, 결코 당신과 다른 사람들과의 일이 아니랍니다."

2011년 12월,
마음의숲 편집부

무지개 선물

copyright©2011 마음의숲

지은이 윤석인 수녀

1판 1쇄 인쇄 2011년 12월 14일
1판 1쇄 발행 2011년 12월 21일

기획 권대웅
편집 권해진 구현진
마케팅 노근수 오선희
디자인 오은영

발행인 신혜경
발행처 마음의숲
출판등록 2006년 8월 1일(105-91-03955)
주소 서울시 마포구 상수동 145-1번지 영빈빌딩 6층
전화 (02) 322-3164~5 | **팩스** (02) 322-3166
마음의숲 카페 cafe.naver.com/lmindbookl
ISBN 978-89-92783-56-9 (03810)

저자와 협의하여 인지를 생략합니다.
저자와 출판사의 허락 없이 내용의 일부를 인용, 발췌하는 것을 금합니다.